大学生健康教育

陈云波　编著

合肥工业大学出版社

图书在版编目(CIP)数据

大学生健康教育/陈云波编著．—合肥:合肥工业大学出版社,2019.3
ISBN 978 - 7 - 5650 - 4234 - 8

Ⅰ.①大… Ⅱ.①陈… Ⅲ.①大学生—健康教育—高等学校—教材
Ⅳ.①G647.9

中国版本图书馆 CIP 数据核字(2018)第 237541 号

大学生健康教育

陈云波 编著   责任编辑 马成勋

出　版	合肥工业大学出版社	版　次	2019 年 3 月第 1 版	
地　址	合肥市屯溪路 193 号	印　次	2019 年 3 月第 1 次印刷	
邮　编	230009	开　本	710 毫米×1010 毫米　1/16	
电　话	理工教材编辑部:0551 - 62903200	印　张	10	
	市场营销中心:0551 - 62903198	字　数	167 千字	
网　址	www.hfutpress.com.cn	印　刷	合肥现代印务有限公司	
E-mail	hfutpress@163.com	发　行	全国新华书店	

ISBN 978 - 7 - 5650 - 4234 - 8   定价：28.00 元

如果有影响阅读的印装质量问题,请与出版社市场营销部联系调换。

序

实施健康中国战略，是党的十九大提出的提高保障和改善民生水平的重要任务，而开展健康教育是其中的重要内容。高等教育进入新时代，更多的人有了接受高等教育的机会。为了培养大学生的健全人格，提升大学生的综合素质，高校实施健康教育势在必行。

陈云波老师在长期的教学实践中，以认真负责、严谨务实的态度，在充分调研的基础上，理论联系实际，通过实例深入浅出地介绍了养生保健的基础知识，编写了《大学生健康教育》一书，将中医养生理论纳入大学生生命教育的探索和尝试，告诉大学生在日常生活中如何改掉导致其身体衰弱的坏习惯，如何建立良好的符合其生命本质的生活习惯，如选择合理的膳食、坚持适量的运动、保持平和的心态等。

通过本书的学习，一是让大学生增进对体质的认知，使其了解每个人的体质因性别、年龄、性格、生活环境等不同而各异，只有自知体质，才能真正实现个性化养生，做到自己的健康自己做主；二是涵蓄修身养性知识，增强健康养生思想，端正人生态度，加强文化修养，养成良好品行，促进身心健康，提高生活质量，以健全的人格和健康的身心更好地报效祖国和人民；三是提升大学生的环境和谐意识、资源保护意识、生态文明意识和可持续发展意识，自觉保护环境，促进生态文明发展。

我相信，《大学生健康教育》的出版，将为选修"养生与保健"课程的大学生提供了一本很好的教学参考书，同时也能够为广大读者的养生保健提供有益的指导。

中国药科大学中药学院院长、博士生导师、教授：

2019 年 3 月

前　　言

　　"知识改变命运"，获健康知识可受益终生。人生在世需要学习两种知识：一种是谋生的知识，另外一种就是养生的知识。养生保健即尊重生命规律，保养生命，善待身心。

　　大学生是民族复兴的希望，加强大学生的健康教育，是贯彻新时代健康中国战略对高等教育提出的崭新课题，对促进大学生健康成长、建设和谐校园、促进社会和谐发展具有十分重要的现实意义。皖西学院通识教育选修课程"养生与保健"自2010年开课以来，受到广大学生的喜爱，每学年开课都是最早被学生选定满员的课程之一。该课程旨在弘扬传统中医文化，宣传推广"治未病"的理念，推动大学生生命教育从理论层面向操作层面发展，着力培养学生的科学精神，指导学生顺应自然、协调阴阳，对健康加以管理。

　　2013年1月，"养生与保健"课程被评为皖西学院精品视频公开课程，2014年12月，该课程被评为安徽省省级精品视频公开课程。近年来，本人通过教学和研究，在该课程基础上逐渐丰富、拓展，形成了《大学生健康教育读本》。

　　《大学生健康教育》教材系本人在《大学生健康教育读本》基础上编写的。共有8章内容，分别是绪论、情志养生、运动保健、饮食养生、体质养生、睡眠保健、环境养生，健康意识的培养与习惯养成。在《大学生健康教育》教材成稿过程中，中国药科大学中药学院院长、博士生导师余伯阳教授给予热情指导且亲自为其题序。同时还得到了皖西学院教授程东峰、詹少华、陈乃东，六安市中医院主任医师李光曙、张炳秀等同志的指导和帮助。在此，谨向他们一并表示衷心感谢！亦希望各位专家和广大读者提出宝贵意见与建议。

陈云波

2019 年 3 月

目　　录

第1章　绪　论

　　健康与长寿，自古以来就是人类的共同愿望和普遍关心的一件大事。人们渴望着健康，盼望着长寿，正如《黄帝内经》所说："尽终其天年，度百岁乃去"。

　　人生在世，需要学习两种知识，一种是谋生的知识，另外一种就是养生的知识——为了生命本身，就是为了健康长寿。

　　人的寿命是有一定期限的。人的自然寿命应该有多长？由遗传决定的，是一个生长期的5~7倍，古代养生家、医家认为有120年。虽然生命是有限的，但人类却从来没有放弃过对生命无限的向往。追求长寿都是人们永恒的话题和永久的渴望。

　　今天许多发达国家平均寿命已有80岁。2010年的世界人均寿命统计显示，日本人的平均寿命以83岁居世界第一。而中国人均寿命为74.8岁居世界中游，健康寿命才62岁。因为老化与各种慢性疾病，使得我们生命的晚年，常常必须忍受病痛或身体功能衰退的低品质生活。做好养生保健工作，不但可以强壮身体、减少疾病，还可以延年益寿。

　　健康是人类最大的财富。人们辛苦了一辈子，目的是为了追求有品质的生活，年老的时候能安享天年，带给大家舒适平安的生活。养生只需我们的爱心和对生命的关爱。我们每个人都可做一个不平凡的人，让健康、活力与自己的生命相伴。

　　谁也不想人到了50岁，因为糖尿病必须要定时吃药，限制饮食；60岁因为脑中风而行动不便，必须要别人随身照顾；70岁因为老年痴呆症而让家人担心，或者还没有享受人生就身患癌症而英年早逝。

　　如何才能健康？怎样达到天年？其重要的一点是努力学习和切实遵循养生之道。让健康伴随着您！大学生学习健康知识，保持身体健康是对自己、对家人、对他人对社会的一种责任。

第 1 节　养生保健的理论基础

一、概念

养生又称摄生、道生、养性、卫生、保生等等。养生一词最早见于《庄子》内篇。所谓生就是生命、生存、生长之意；所谓养即保养、调养、补养之意。因此，养生就是保养生命的意思。养生是否等同于保健呢？保健作为医学专用术语，是近代西医传入以后才有的。它是指集体和个人所采取的医疗预防和卫生防疫相结合的综合措施。养生与保健就个体保健角度而言，两词的含义基本上是一致的。

所谓养生保健，就是尊重生命规律，保养生命，善待身心。

具体地说，养生保健是根据人类生命发展的规律，在整个生命活动过程中，综合协调多种能够保养身体、防御疾病、延缓衰老的手段或方法，以达到增进健康、延年益寿目的的一种自觉的保健活动。

生命是具有生长、发育活力，并按自然规律发展变化的过程。"生、长、壮、老、已"是人类生命的自然规律。探索生命的规律，对于养生保健来说，有着极为深远的意义。

二、理论基础

养生以传统中医理论为指导，遵循阴阳五行生化收藏之变化规律，对人体进行科学调养保持生命健康活力。养生保健是一种维持健康的综合行为，追求的是不仅身体健康，没有疾病，生命长寿，而且心理健康，生活质量提高，人能活得轻松愉快。养生不是专门针对疾病，而是通过运动、饮食、睡眠、情绪调节等使得体内阴阳平衡、五行平和。

中医养生方法是中国古代劳动人民与历代医家在漫长的历史岁月中反复探索、求证，逐步认识与实践后形成的，具有较强的科学性和比较系统的理论体系。中医养生的理论基础是天人相应，形神合一，动静互涵，正气为本，辨证施养。

（一）天人相应

人生天地之间，宇宙之中，一切生命活动与大自然息息相关，这就是"天人相应"的思想。

"春夏养阳，秋冬养阴"。调摄精神，要遵照自然界生长收藏的变化规律，才能达到阴阳的相对平衡。慎防异常自然变化的影响，如预防SARS、禽流感等。

（二）形神合一

既要保持形体，又要保持心理健康。形神合一主要说明心理与生理的对立统一、精神与物质的对立统一、本质与现象的对立统一等。所谓形，指形体，即肌肉、血脉、筋骨、脏腑等组织器官是物质基础；所谓神，是指情志、意识、思维为特点的心理活动现象，以及生命活动的全部外在表现，是功能作用。二者是相互依存、相互影响，密不可分的一个整体。神本于形而生，依托于形而存；形为神之基，神为形之主。

（三）动静互涵

动即运动，动以养形，促进新陈代谢，增强体质；静即静以养神，心神宜静。动和静是物质运动的两个方面或两种不同表现形式。人体生命运动始终保持着动静和谐的状态，维持着动静对立统一的整体性，从而保证了人体正常的生理活动功能。《周易》说："一阴一阳之谓道"，"刚柔者，立本者也"。

（四）正气为本

中医学特别重视——正气。正气是生命之根。正气盛，则康健；正气虚，则疾患。固护正气贯穿中医学治病、防病始终。

保养正气，就是保养精、气、神。从人体生理功能特点来看，保养精、气、神的根本，在于护养脾肾。《医宗必读·脾为后天之本论》说："故善为医者，必责其本，而本有先天后天之辨。先天之本在肾，肾应北方之水，水为天一之源。后天之本在脾，脾应中宫之土，土为万物之母"。脾气健运，必借肾阳之温煦；肾精充盈，有赖脾所化生的水谷精微的补养。要想维护人体生理功能的协调统一，保养脾肾至关重要。

（五）辨证施养

辨证即是认证识证的过程。证是对机体在疾病发展过程中某一阶段病理反映的概括，包括病变的部位、原因、性质以及邪正关系，反映这一阶段病理变化的本质。因而，证比症状更全面、更深刻、更准确地揭示疾病的本质。《素问·生气通天论》指出："医之治病，一病而治各不同，皆愈何也？……故圣人杂合以治，各得其所宜。故治所以异而病皆愈者，得病之情，知治之大体也。"所以养生要根据具体情况，具体分析，具体对待。

三、要点

（一）养正气

《素问遗篇·刺法论》曰："正气存内，邪不可干"。"气"是古代劳动人民对自然界的一种朴素认识。认为"气"是构成世界万物的最基本的物质，宇宙间的一切事情，都是由"气"的运行变化而产生的。"气"充塞于宇宙之中，"为小无内，为大无垠"。"气聚为物，物散为气"是"气"的运动规律，永无休止的聚散运动是物质永恒的运动的存在显现。

在传统医学和养生学里，"气"是构成人体的基本物质，是维持人体生命的原动力。由于"气"在人体内分布的部位及作用不同，因而具有不同的名称，如：呼吸之气、水谷之气、脏腑之气等。无病之人体中所有'事物'谓之正气。

养正气就是要求人们进行正常的、有规律的思维活动和生活，要保养正气。

（二）顺自然

大自然是万物赖以生存的基础，人的生命活动每时每刻也离不开它。人类不仅从自然界摄取营养、水分、空气和阳光以满足机体新陈代谢的需要，并在自然界的影响下生活、学习和工作。

顺应自然是人的生存之本。养生要求人们一定要顺从一年四季的气候变化，同时适应其周围外界的环境，协调好周围的人际关系。面对外界事物的影响（如网络、娱乐等）要有自我控制、调适情绪的能力。如果人际关系处理得好，就会引起愉快的情绪反应，产生安全感、舒适感和满意感，心情自然恬静舒畅。

（三）调摄精神

要培养乐观的情绪和坦荡的胸怀。既保持思想活动的健康，又防止内在精神刺激。中医认为：思不宜久，虑不宜过。不为身外之物扰动心神。所谓情志坦荡，随遇而安。

随着人们物质生活水平的不断提高和精神文明生活的日益丰富，养生健身，健康长寿，已越来越成为举世瞩目的重要课题。养生健身之法，均在于坚持不懈的毅力和持之以恒的态度。

第 2 节　养生保健的意义

养生保健弘扬传统中医文化，宣传推广"治未病"理念。

一、名人之早逝与养生之必要

著名播音员罗京因淋巴癌去世，年仅 48 岁；著名小品演员高秀敏因心跳骤停去世，年仅 46 岁；著名电影演员傅彪因肝癌去世，年仅 42 岁；著名演员陈晓旭因乳腺癌去世，年仅 42 岁；香港影视明星梅艳芳因子宫癌去世，年仅 41 岁；台湾女歌星邓丽君因哮喘病去世，年仅 42 岁……

受当今社会的诱惑和负面影响，一些大学生已无法心平气和静下心来学习、变得心浮气躁。一些大学生只重物质享受，轻精神追求……

日常生活中大学生一些不良的生活习惯主要表现有：吃饭不专心、吃得太饱、饮食结构不平衡、熬夜、大便时看书、玩手机。一些学生沉迷于电脑、手机，长时间的打游戏、聊天。在精神方面，当代大学生面临着越来越大的学习、就业等社会竞争的压力，已不同程度地干扰和影响在校大学生的学习和生活；造成大学生的心理焦虑、情绪紧张等。

由于饮食的丰富，体力活动的减少，易导致肥胖等疾病；同时熬夜增多、无序的生活规律造成有些大学生体能透支，血气不足，全身经络与五脏六腑功能渐趋失去平衡。

皮之不存，毛将焉附？皮如果千疮百孔、肮脏污浊，会长出好毛吗？

二、饮食不当危害健康

饮食营养是维持生命的重要手段。人的健康需要汲取营养。合理膳食是维持生命活动的重要手段。

暴饮暴食或偏食都有害健康。中国民谚云：鱼生火，肉生痰，萝卜白菜保平安。鱼肉虽好，但吃多了容易导致内火蓄积，体内津液代谢失常。

一些大学生缺乏科学的饮食方法，少数大学生长期不吃早餐，也有一些纵欲进食、节食、偏食，造成消化系统紊乱，影响身体的正常发育（图1-1）。

图1-1　暴饮暴食

三、缺乏运动影响健康

运动属于行为营养。人不运动身体就会发胖臃肿，脂肪增加，增加了心脏的负担。一个人如果过度安闲，饱食终日，无所事事，长时间缺乏体力和脑力锻炼，就会导致气血凝滞，运行不畅，"百病乃变化而生"。出现脏腑机能减退，消瘦或发胖；思维迟缓，记忆力减退，动则气喘，心悸等。

（一）腰带越长，寿命越短

肥胖是衰老的象征，如图1-2所示，如果腹部肥胖就是疾病的象征。中医认为肥胖是在内、外因素作用下，脏腑功能失调，导致水湿、痰浊、膏脂等壅盛于体内，其病位主要在脾和肾。

测量 BHI（亚洲）的简单方法：BMI＝体重（kg）/身高^2（m^2）

BMI 通常范围在 $18.5\sim23.9kg/m^2$，其中 22 最好；如果 BMI 大于 25，就是病理性肥胖。体重增加 1kg，患冠心病的危险，男的增长 5.6%，女的增长 3.7%。BMI 为 $24\sim27.9kg/m^2$，超重；BMI 小于 $28kg/m^2$，肥胖；BMI 小于 $18.5kg/m^2$，消瘦。腰围：男大于 0.90m，女大于 0.80m；腰臀比：男大于 0.90，女大于 0.85 视为中心型肥胖。

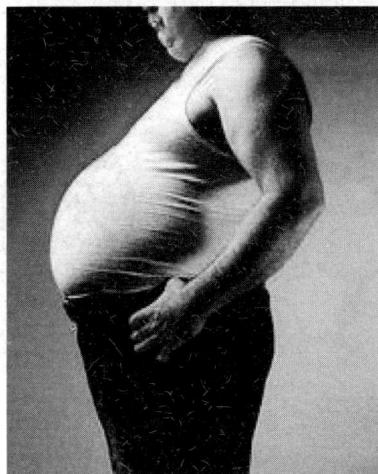

图 1-2 肥胖

（二）减肥

人不是越瘦越好，人的胖瘦由基因决定。任何药物、手术都有一定的副作用。最好的减肥方法就是运动，推荐游泳。

针灸减肥适用于大学生人群（图 1-3）。常用穴位：脐周 8 穴（水分、阴交、外陵、天枢、滑肉门）、曲池、合谷、足三里、三阴交、阳陵泉、丰隆。

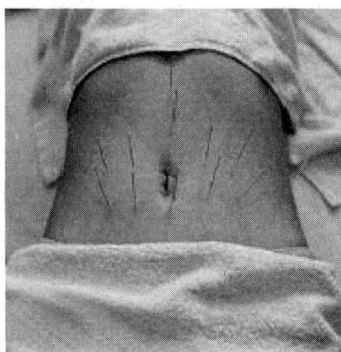

特点：疗效持久、不易反弹、不影响正常饮食、提高人体整体功能。

注意事项：疗程：隔日 1 次，前 3 次每天 1 次，一般 10～12 次为 1 疗程，疗程间隔 1 周，总疗程 1～2 月。针刺 2 小时后方可淋浴。积极配合，加强运动，注意饮食，不吃肯德基之类食品。

图 1-3 针灸减肥

四、心理疾病侵扰健康

随着社会的发展，人们生活节奏加快，各种社会关系错综复杂。竞争，是当代社会的特点之一。长期处在竞争环境中，人们生活压力日益加大，容易产生心力疲劳，造成心态不好，引起心理失衡。出现失眠，精神不振，心烦意乱等亚健康表现，严重可导致高血压和忧郁症等疾病（图1-4）。

图1-4 亚健康

心理疾病的发生、发展，与家庭、社会、事业密切相关。据统计约有70%的人忽视自己的心理状态，加剧了病情的发展，加速了心理恶化的进程，成为心理疾病患者。

现在的大学生多数是独生子女，生活上的娇生惯养和学习上的一帆风顺，使他们很少经受挫折锻炼，独立的生活能力较差，大学生活与梦想上的落差以及同学生活上的差异，很容易产生心理上的不稳定。健康教育已经成为高等教育亟待解决的一个热点问题。

如果我们健康知识缺乏，不懂得如何养生、如何保健，长期处在不健康或亚健康的状态，久而久之就会影响我们的工作、学习、生活。

良好的生活方式是获得健康的重要保证。人的生存环境、生活方式以及生活态度对其健康影响很大，因此，大学生必须培养健康的生活方式。

五、人类养生保健的目标——健康长寿

世界卫生组织对健康的定义："健康是指生理、心理及社会适应三个方面全部良好的一种状况，而不仅仅是指没有生病或者体质健壮"。

（1）身体方面，躯体健康，没有生理疾病，生命质量的满意度高。

（2）精神方面，心理和行为健康，包括人的思维、认知、情感、意志和行为等，而纵欲、吸烟、酗酒、吸毒等行为就是不健康的行为。

（3）社会方面，良好的社会适应能力，就是和别人相处得怎么样。人必须与其所生存的环境（包括自然环境与社会环境）融洽与和谐，拥有良好的社会适应能力。

六、把中医养生理论纳入大学生生命教育的探索

（一）中医养生对大学生生命教育的作用

个体对生命自主权、自我决定权的追求；关于身体处置权的争夺；思考身体、疾病与生命关系的一个契机；中医养生可以发展成长型、提升型的生命教育，更能适应大学生群体的特征；中医养生可以推动大学生生命教育从理论层面向操作层面的发展，生命的自主性、丰富性。

（二）大学生的生命困顿之一：疾病。

中医认为生病源于阴阳的不平衡、经络的不畅通。

（1）外因：风、火、暑、湿、燥、寒等六淫引起。

（2）内因：喜、怒、忧、思、悲、恐、惊等七情引起。

（3）其他原因：刀刃伤、虫蚁咬伤、饮食不节。

大学生常见疾病：女生中问题最多的是月经不调、痛经、失眠、便秘、长痘痘、肠胃疾病等，她们还关注如何美容、减肥、丰胸等问题。

男生中典型问题是肾虚、便秘、失眠、外伤等，如何提高性能力也是他们私下关心的问题。

疾病引发的焦虑：过多地占用了学生丰富自我生命的可能性与时空。

正如《黄帝内经》所述："虚邪贼风，避之有时，恬淡虚无，真气从之，精神内守，病安从来？"

养生保健以预防为核心，就是防止疾病的发生、演变以及复发。

（三）中医的系统论

阴阳学说是中国古代非常朴素、辨证的、对立统一的哲学思想。中国传统医学和养生学就是在阴阳学说的基础上发展的。

养生以和谐适度为宗旨。和谐主要体现于平衡阴阳之中，中医养生理论在阴阳学说的直接指导下解释生命现象，协调阴阳使之和谐为养生的宗旨，协调阴阳是人的健康之本。

我们的祖先认为，阴阳是组成宇宙万物的基本属性。所谓"阴阳者，天地之道也，万物之纲也，变化之父母，杀生之本始，神明之府也"。世界的生成、变化，都是阴阳转化的结果。

阴阳是事物属性的两个方面，阴阳之间的关系是一分为二，对立统一，相互转化。《黄帝内经》说："夫阴阳者，有名而无形"，它看不见，摸不着，

却又是客观存在的。

大凡动的、上升的、温热的、功能的、机能亢进的都属阳；而静的、下降的、寒冷的、物质的、机能衰退的属阴。这种阴阳属性具有普遍性和多层次性。

例如：男属阳，女属阴；外为阳，内为阴；背为阳，腹为阴；上为阳，下为阴；在日常的事物中，白天属阳、黑夜属阴；火属阳、水属阴；动属阳、静属阴；刚属阳、柔属阴；进属阳、退属阴；伸属阳、曲属阴；张属阳、弛属阴……

自然界一年四季春温、夏热、秋凉、冬寒的变化就是阴阳二气相搏的结果，从而达到自然界的平衡。

养生就是使阴阳保持动态的相对平衡以及恢复平衡与协调，从而维护人体生命活动的正常进行。"平衡"是这个世界一个国家，一个地区，一个单位和一个人最重要的生存和发展法则。如果一个人的生理或心理失去了平衡，各种疾病就会随之而来。我国的传统养生特别注重人体的阴阳平衡，就个人来说，阳盛阴衰或阴盛阳衰都极易使机体不平衡，从而产生疾病。

阴阳动态平衡是健康的基础。疾病发生、发展、变化的主要内因是阴阳的偏盛或偏衰，这时人往往容易外感六淫或内伤七情。一个人如果饮食不合理，只吃肉不吃蔬菜，时间长了，就会产生内热。当外面天气变化，一着凉就会患上感冒。患者体内的阴阳失衡，阳盛阴虚。又如："怒则气上"，是一个从阳盛到阴虚的转化过程。一个人因事暴怒发火，在暴怒之后，筋疲力尽，连话都不想说。再如："寒则气收"，有的人阳气不足，到了冬季就会感觉手脚冰凉、怕冷，是"阳气不达四末"所致。

治疗疾病的过程就是纠正身体阴阳的不平衡状态，恢复阴阳的相对平衡。

健康的人体内处于阴阳的动态平衡，身体能自动地调节不平衡之处。只要你不做损害它的事情，身体的动态平衡状态就能正常地保持，人自然不会生病。因此，法于阴阳、顺应自然非常关键。白天阳盛，人体的生理功能以兴奋为主；夜间阴盛，人体的生理功能以抑制为主。如果经常熬夜，加班到很晚，或白天睡觉晚上工作，这样的生活就违背了自然规律，也打乱了人体正常的阴阳平衡，生活方式不健康。

（四）中医传递的疾病理念

中医能传递给学生一个对待疾病的理念，把疾病当作顽皮的孩子，把疾病当作身体自我修复的功能和对自己不良生活方式的警示。

大学生要坦然面对疾病，不断克服对疾病的恐惧感，克服对死亡的恐惧；摆脱对生命的无知，认识到生老病死是生命的常态，知道疾病的原因，明白改变身体虚弱的状态，从而活得更自由；最终获得一种解放自己的方式，感受生命喜悦的方式。

生病了个体可以通过养生的方式、疏通经络，把身体调整过来。个体完全可以介入对自己疾病的治疗，享有对身体的处置权。

（五）中医的实践性

中医的"真正作用不是机械性地对疾病进行'治疗'，而是像一位老师，告诉人们如何在日常生活中改掉导致我们身体衰弱的坏习惯，如何建立起良好的符合我们生命本性的生活习性，并引导我们顺应自然的力量"。落实爱、孝的理念：莫到晚年再思亲，重在当下善尽孝。家家有老人，人人有老时；我今不敬老，我老谁敬我？

第 3 节　养生保健的基本原则

《灵枢本神论》："智者之养生，必顺四时而适寒暑，和喜怒而安居处，节阴阳而调刚柔。"

一、协调脏腑，平衡阴阳

五脏间的协调，通过相互依赖相互制约，生克制化的关系来实现。有生有制则可保持一种动态平衡，以保证生理活动的顺利进行。

脏腑的生理，以"藏""泻"有序为其特点。五脏是以化生和贮藏精、神、气、血、津液为主要生理功能；六腑是以受盛和传化水谷、排泄糟粕为其生理功能。藏、泻得宜，机体才有充足的营养来源，以保证生命活动的正常进行。

从养生角度而言，协调脏腑是通过一系列养生手段和措施来实现的。协调的含义大致有二层含义：一是强化脏腑的协同作用，增强机体新陈代谢的活力；二是当脏腑间偶有失和，及时予以调整以纠正其偏差。这两方面内容，作为养生指导原则之一，贯彻在各种养生方法之中。如：四时养生中强调春养肝、夏养心、长夏养脾、秋养肺、冬养肾；春三月，阳气始旺，晚睡早起；夏三月，阳气壮盛，晚睡早起；秋三月，阴气始起，早睡早起；冬三月，阴气盛极，早睡晚起。精神养生中强调调情志舒畅，避免五志过极伤害五脏；饮食养生中强调五味调和，不可过偏等。

二、畅通经络，调和气血

经络是气血运行的通道。《素问·调经论》说："五脏之道，皆出于经隧，以行气血，血气不和，百病乃变化而生"。只有经络通畅，气血才能川流不息地营运于全身。只有经络通畅，才能使脏腑相通、阴阳交贯，内外相通，从而养脏腑、生气血、布津液、传糟粕、御精神，以确保生命活动顺利进行，新陈代谢旺盛。阴阳协调、气血平和、脏腑得养，精充、气足、神旺，所以身体健康而不病。

畅通经络往往作为一条养生的指导原则，贯穿于各种养生方法之中。一是活动筋骨，以求气血通畅。如健身气功：八段锦、五禽戏、六字诀、易筋经等，都是用动作达到所谓"动行以达郁"的锻炼目的。二是开通任督二脉，营运大小周天。任督二脉相通，可促进真气的运行，协调阴阳经脉，增强新陈代谢的活力。由于任督二脉循行于胸腹、背，二脉相通，则气血运行如环周流，故在气功导引中称为"周天"，因其仅限于任督二脉，并非全身经脉，故称为"小周天"。

三、清静养神，节欲保精

在机体新陈代谢过程中，各种生理功能都需要神的调节。神极易耗伤而受损，因而养神就显得尤为重要。《素问·病机气宜保命集》中指出："神太用则劳，其藏在心，静以养之"。所谓"静以养之"，主要是指静神不思、养而不用，即便用神也要防止用神太过而言。《素问·痹论》中说："静则神藏，躁则消亡"，也是这个意思。静则百虑不思，神不过用，身心的清流有助于神气的潜腔内守。反之，神气的过用、躁动往往容易耗伤，会使身体健康受到影响。所以，《素问·上古天真论》中说："精神内守，病安从来"。强调了清静养神的养生保健意义。

中医养生主张形神俱养，首重养神。养神之道贵在一个"静"字，使人的精神情志活动保持在淡泊宁静的状态，做到摒除杂念，内无所蓄，外无所逐。主张专心致志，保持精神静谧，"寡言语以养气，寡思虑以养神"，避免"多思则神殆，多念则志散，多欲则志昏，多事则形劳"。

要想使身体健康无病，保持旺盛的生命力，在于保养肾精。精足则人之生源充足，生源足则防老抗衰有术。

《黄帝内经》明确指出："善养生者，必保其精，精盈则气盛，气盛则神全，神全则身健，身健则病少，神气坚强，老而益壮，皆本乎精也"。《千金要方》中指出："精竭则身惫。故欲不节则精耗，精耗则气衰，气衰则病至，病至则身危"。告诫人们宜保养肾精，这是关系到机体健康和生命安危的大事。足以说明精不可耗伤养精方可强身益寿。

四、调息养气，持之以恒

养气主要从两方面入手，一是保养元气，二是调畅气机。元气充足，则生命有活力，气机通畅，则机体健康。顺四时、慎起居、调情志。

调畅气机，多以调息为主。《内经·摄生类》指出："善养生者导息，此言养气当从呼吸也"。呼吸吐纳，可调理气息，畅通气机，宗气宣发，营卫周流，可促使气血流通。经脉通畅。故古有吐纳、胎息、气功诸法，重调息以养气。

养生保健要坚持不懈地努力，持之以恒地进行调摄，才能达到目的。养生贯穿一生，练功贵在精专，养生重在生活化。着眼于人与自然的关系，进行脏腑、经络、精神情志、气血等方面的综合调养。

（1）养宜适度。养不可太过，要按照生命活动的规律，做到合其常度，恰到好处。

（2）养勿过偏。主张动静结合、劳逸结合、补泻结合、形神共养，从机体全身着眼进行调养，不可失之过偏，用之太偏就忽略了其他方面。

（3）审因施养。强调养生宜有针对性，要根据实际情况，具体问题具体分析，可因人、因时、因地不同而分别施养，不可一概而论。

卫计委健康教育首席专家赵霖告诉我们：人类需要三大营养，第一个饮食营养，第二个行为营养，第三个是心理营养。

养生保健需要在生活中进行全方位调理，涉及心理、运动、饮食、起居等方方面面，更需要长期的坚持。人的命运完全掌握在自己手里。生命不仅在于运动，更离不开一个好心情。最有效的养生保健方法，主要包括平衡心理、适度运动、合理膳食、养成良好的生活习惯以及适宜的生活环境等。

养生与保健的方法很多，每个人的正确方法可能都不尽相同。选择的方法不适合自己，其结果往往会事与愿违。如羊肉为食疗补品，如果阴虚体质者吃羊肉会适得其反；又如人参属于药食同源的中药材，能大补元气，补脾益肺，生津止渴，安神增智。《神农本草经》描述认为，人参有"补五脏、安精神、定魂魄、止惊悸、除邪气、明目开心益智"的功效，适合气虚体质者补气食用，而体质好的人吃人参很容易上火流鼻血。

因此，养生保健方法一定要正确，要适合自己！

综上所述，养生保健要求人的身体能始终处在一个完整的动态平衡之中，并应具备对外界环境的适应能力以及情感的自我调节能力。要注意生活与工作环境的调适，饮食与营养的调和，劳动与休息的适度，情志与道德修养的和谐，以及运动与健身、预防与治疗等方面。

健康长寿是人们的愿望。但是它并非靠一朝一夕、一功一法的摄养就能实现。要健康长寿就应自觉提高养生意识，懂得养生保健的知识和方法，采取科学的生活方式，做自身健康的主宰者！只有按照人类生命发展的客观规律，顺应自然，切实掌握养生的具体方法，针对人体的各个方面，采取多种健身措施，持之以恒地进行调摄，才能达到目的。

养生重在生活化：在生活中采取科学的养生方法，形成健康的生活方式和行为。保健生活化：科学的保健措施在生活中体现，在生活中实施。学会自我保健，自我调理。保健养生，我命在我。让身体健康才是真正的珍爱生命。

本章参考文献：

[1] 孔德生. 对健康的深层呼唤——现代人心理障碍透析 [J]. 健康，2000

[2] 刘兆杰. 试论养生的 7 大基本原则 [J]. 医药产业资讯，2006

第 2 章　情志养生

人的一生当中，难免遇到处境不好的时候，如疾病伤痛、婚恋纠葛、家庭生活不协调，有些时候甚至是生离死别。

在自然环境中，一年中随着春夏秋冬四季的更迭，有风、寒、暑、湿、燥、火六淫的变化，异常气候的剧烈变化容易对人的情绪产生不良影响。在社会环境中，社会因素可以影响人的心理，而人的心理变化又能影响健康。人们的社会地位和生活条件的变迁，可引起情志变化而生病。"人类已进入情绪负重的非常时代"，由精神因素引起的心身疾患已是当代社会中人类普遍存在的多发病和流行病。但长期以来，人们对精神心理卫生重视不够，心脑血管疾病和恶性肿瘤已经成为威胁我国国民健康和生命的主要疾病，而这些疾病的产生与社会心理因素密切相关。精神心理保健是人体健康的一个重要环节，情志养生不可等闲视之。

第 1 节　情志变化

一般意义上的"情"是指感情，如亲情、友情、爱情等，而情志养生中的"情"是指人的情绪，是人从事某种活动时产生的心理状态，是人在接触和认识客观事物时，精神心理活动的综合反映；情绪产生的重要原因是人的需要是否得到满足。所谓"志"即"志向"，是理想、抱负以及对未来的规划，"志"还可以理解为理性。"志"是一种稳定实在的东西，它充满了力量。

人的七情是指喜、怒、忧、思、悲、恐、惊七种情志变化。其中喜、怒、忧、思、恐为五志，五志与五脏有着密切的联系。

情志养生就是让理性来引导你，用理性克服情感上的冲动，使七情不致过激。在理性的指导下，你的每一个举动都会经过深思熟虑就不会冲动，不会感情用事。对于情志调摄、防病祛疾、益寿延年起着不可低估的微妙作用。

人生百味，思绪万千。在通往幸福的道路中，情绪的调节是重要一环，因为"欢乐嫌夜短，愁苦恨更长"。情绪不仅仅只表现为感官上的喜怒哀乐，更深刻地影响着我们对事物的认知和判断，甚至决定着我们生活的走向。因此盛怒时莫做判断，狂喜时不做许诺。

一、情志对健康的影响

人有七情六欲，感情的表露乃人之常情是本能的表现。情志活动是人类生活正常的生理现象，是对外界环境刺激和自身体内刺激的保护性反应；各种情志活动都有抒发自己情绪起着协调生理活动的作用，有益于身心健康。但是"喜怒无常，过之为害"。情志活动异常，可使情绪失控而导致神经系统功能失调，引起人体内阴阳紊乱，从而出现百病丛生、早衰，甚至短寿的后果。故善养生者，宜注意情志调摄。

七情之中"怒忧思悲恐惊"六情属恶性刺激，只有"喜"属于良性刺激。喜为心志，心能表达人的喜悦之情。笑为心声，笑是喜形于外的体现。经常保持喜悦、乐观的情绪，对健康是有好处的。

情志对人的影响是极其重要的，对于我们每一个人来说，喜、怒、忧、思、悲、恐、惊是正常的七情。人在环境中，对外界的人、事、物都不会无动于衷的，会表现出某种相应的情感，如高兴、悲伤、愉快、忧愁、喜爱、厌恶、振奋、恐惧等。《黄帝内经》曰："有喜有怒，有忧有丧，有泽有燥，此象之常也"。

人有喜怒忧思悲恐惊的情志变化，一定要记住不可过度。喜不能得意忘形，怒不可暴跳如雷，哀不能悲痛欲绝，惧不能惊慌失措。持续的忧、思、悲情绪，最容易积久而成疾。当你的情绪突然间出现巨大改变的时候，你可能内里的脏腑有不调的地方，就需要加以调整。

《黄帝内经》有"怒伤肝，喜伤心，思伤脾，忧伤肺，恐伤肾"等理论。此观点被历代医家应用于养生学中，情志调摄对于防病祛疾、益寿延年起着不可低估的微妙作用。

（一）喜

喜是人高兴时的情绪（图2-1）。心主喜。当一个人心情愉悦的时候，气血流畅，肌肉放松，身体上的疲惫能很快减轻。过喜使心气涣散，血运无力而瘀滞，神不守舍，便出现心悸、心痛、失眠、健忘等病症。因此喜不可过度，不可"得意忘形"。

图 2-1　喜

《岳飞传》中描述牛皋打败了金兀术之后，因兴奋过度，大笑三声，气不得续，便倒地身亡。现实生活中也不乏此例，有一个患高血压疾病的老人突然看到自己多日不见的女儿，喜极伤心而猝死。

《黄帝内经》曰："心在志为喜"。养生箴言："树怕剥皮，人怕伤心"；心情急躁的人最容易得心脏病。大学生日常生活中的养心，要做到心平气和。首先要有好的精神寄托，加强学习，提高自身文化修养。其次要提高艺术修养，陶冶自己的情操，多听听舒缓的音乐，如百鸟朝凤，云水禅心等。过喜伤心，按揉劳宫穴能有效缓解。

（二）怒

怒是人生气时的情绪（图 2-2）。怒是个人的意志和活动遭到挫折或某些目的不能达到时，所表现的、以紧张情绪为主的一种情志活动。肝主怒，怒则气上，表现为暴跳如雷，拳打脚踢等。俗语云："怒火攻心"，"气大伤身"。怒致病较重，轻者会肝气郁滞，食欲减退。重者便会出现面色苍白、四肢发抖，甚至昏厥死亡。《东医宝鉴·内景篇》说："七情伤人，惟怒为甚，盖怒则肝木克脾土，脾伤则四脏俱伤矣"。《黄帝内经》曰"肝在志为怒"。怒多伤肝，肝失疏泄，气机升降逆乱，进而导致其他脏腑功能失调，故表现证情较重。常生气的人最容易得肝病。

不良的人际关系常常是愤怒的来源。受到侮辱或欺骗、挫折或干扰、被强迫去做自己不愿意做的事，都能诱发怒气。《三国演义》中的周瑜，嫉妒贤能，心态不平衡，好生气发怒，被诸葛亮"三气"之下，大怒不止而死。暴躁、怒怼是智慧的敌人。莎士比亚告诫人们"使心地清净，是青年人最大的诫命"。

图 2-2 怒

"生气是拿别人的错误来惩罚自己"。大学生正处在青春期，感情容易冲动，常常因为某种目的和愿望未能达到，加深了心理紧张状态而发怒。每当我们生气的时候，要及时按揉期门穴、合谷穴与太冲穴。期门穴为人体足厥阴肝经上的主要穴道之一，点按可以加强肝的疏泄作用。合谷穴擅理气活血，而太冲穴可疏肝理气。过怒伤肝，按揉合谷穴、太冲穴能有效缓解。

（三）忧

忧是人发愁时的情绪（如图 2-3 所示）。肺主忧，忧愁伤肺。忧在情绪上的表现为没有欢乐，悲伤神弱。轻微患者表现为愁眉苦脸，少言少语，意志消沉。重者表现为难以入眠、精神颓废，心中烦躁，并会导致咳喘、失眠、便秘、癫痫等症状，甚至诱发癌症。所以，"愁一愁，白了头"。

伍子胥

柳宗元

图 2-3 忧

东周伍子胥，因闯关不成功，一夜间愁白了头；唐代柳宗元，才华出众，由于屡遭打击，47 岁含恨长逝了。现实生活中，有不少大学生心忧就业而失眠。人无远虑，必有近忧。大学生既要有忧患意识，也应有坚强的意志，更应明白自己肩负的使命，明确自己的理想目标，主动解决忧患。过忧伤肺，按揉太冲穴能有效缓解。

（四）思

思是集中精神考虑问题或想念他人的一种情绪（图 2 - 4）。脾主思，忧思伤脾，思则气结。"思虑损伤心脾"，如果思虑过度伤脾胃，脾胃运化失职，则食欲大减饮食不化。爱操心的人最容易食欲不好、消化不良、肚子胀满。

现代医学证实：从事脑力劳动的知

图 2 - 4　思

识分子大脑长期处于高度紧张状态，易患心脑血管疾病和消化道溃疡病。

《黄帝内经》曰："脾在志为思"。如果我们脾胃运化功能不好，可以艾灸中脘穴、神阙穴和天枢穴，采用隔姜灸的方法来健脾。过思伤脾，按揉足三里和三阴交穴位能有效缓解。

（五）悲

悲是人遇到悲伤事情时的痛苦情绪（图 2 - 5）。肺主悲，肺是表达人悲伤情志活动的主要器官。"悲则气消"，如果悲哀太甚，可导致心肺郁结，意志消沉。一个人如果伤心到极点就会沮丧和绝望，产生悲伤或悲痛的情绪。例如，失恋或丢失了心爱的物品，或家庭遭受意外突发事件等等。

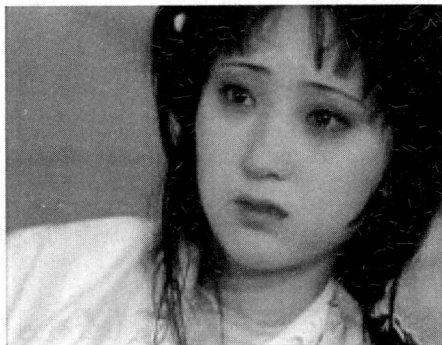

图 2 - 5　悲

爱计较的人最容易感冒、咳嗽；情绪抑郁，悲伤可以导致荨麻疹、斑秃、牛皮癣等。容易悲伤的人比其他人更容易患癌症。

《黄帝内经》曰："肺在志为忧悲"。经常练习五禽戏当中的鸟戏动作可以调理肺气。过悲伤肺，按揉百会穴能有效缓解。

（六）恐

恐是人遇到恐惧事情时的情绪（如图2-6所示）。肾主恐，恐则肾气散。恐指恐惧不安、心中害怕、精神过分紧张。如临深渊、如履薄冰等。严重者会出现"屁滚尿流"现象。胆小怕事的人最容易得肾病。

图2-6 恐

过度恐惧则消耗肾气，使精气下陷不能上升，升降失调而出现遗精、滑泄、大小便失禁等症，严重的还会发生精神错乱，癫病或疼厥。

《黄帝内经》曰："肾在志为恐"。日常生活中，尽可能地消除恐惧感。过恐伤肾，按揉涌泉穴能有效缓解。另外，经常练习五禽戏当中的鹿戏动作可以强肾补肾。

（七）惊

惊是人害怕时的情绪（图2-7）。惊，指受惊或惊吓，指突然遇到意外、非常事变，心理上骤然紧张。如耳闻巨响、遇险境、夜做噩梦等。惊伤肾，表现为颜面失色、目瞪口呆、肢体运动失灵。惊能动心也可损伤肝胆，而致神志昏乱。

每一个人可能都有这样的体验，惊慌失措时会感到心脏怦怦乱跳，是因为情绪引起交感神经系统处于兴奋状态的缘故。血压升高是最常见的表现。

图 2-7　惊

过惊伤肾，惊则平之，按揉内关穴能有效缓解。

惊恐致病较为难治。惊恐多自外来，在思想无准备的情况下，突然大惊卒恐，使人惊骇不已。多伤心肾，其治颇为棘手。

人除了七情之外，还有六欲。我们每个人只要活着都有自己的生理需求或欲望，都有自己的喜好与娱乐。通常人的七情是人的情感表现或心理活动，而六欲是偏于人体生理方面的需求。

人的六欲为见欲、听欲、香欲、味欲、触欲、意欲。六欲相对应人的六根，一般指眼看美色奇物，耳听美音赞言，鼻闻香味，舌尝美食口快，身感舒适享受，意欲声色、名利、恩爱等。

孔子说："饮食男女者，人之大欲也。"凡是人的生命，不离两件事：饮食、男女，即生活和性。所谓饮食，等于民生问题，男女属于康乐的问题。饮食文化和性文化，强调要有度；性学家、女社会学家李银河认为，长期以来，中国是一个谈性色变的社会，人们在性的问题上普遍压抑扭曲。

男女之间有情是应该的，但不该沉迷于此，要有节制，更不该陷于情色甚至荒淫之中不可自拔。

当人的欲望过于强烈时，就会有烦恼。现在的人追求外在的东西太多了，而追求内在的东西（自我修养）太少了，所以烦恼就多了。

纵欲是超前超额支付自己最宝贵的荣誉、健康和生命。权欲、色欲能使人异化，醉酒更能使人异化。异化不仅仅是心态失衡，而且是人性扭曲、人格错位。

二、情志致病的机理

我们在日常生活中心理平衡很重要，在所有的保健措施中，它的效果超过所有的养生方法。调"情"就是保持内环境稳定。

七情太过可致病。一种是情绪波动太大，七情之中，喜、怒、惊、恐以刺激量过大为致病条件，如狂喜、盛怒、骤惊、大恐等突发性激烈情绪，往往很快致病伤人。临床所见因情志剧变导致的心阳暴脱而猝死，肝阳化风而卒中，以及突发性耳聋、暴盲、发狂等情况，大多与喜怒惊恐有关。另一种情况是七情持续时间太长、过久，忧、思、悲的情志刺激以刺激时间长为致病条件，如久悲、过于思虑、持续不良的心境，积久而成疾。因此，要根据不同情志的致病特点，采取相应的方法进行调节。

"尽人事，智于圆，而行四方"，考虑问题尽量全面，处理问题尽量果断，谋事在人，成事在天，一定要动脑不动心。当你的欲望总是高于你能力的时候，你的心就没法平静下来。

用"无为而无不为"的思想对待人生，用舍得得失的精神对待钱财，恐怕你心里的麻烦事就少多了。

情志致病的主要原因是影响了人体内环境的稳定，不良情绪直接导致气机运行紊乱、脏腑功能失常、损伤机体阴阳、精血等。

（一）损伤脏腑

《灵枢·百病始生》告诉我们："喜怒不节则伤脏"。古代医家已总结：喜伤心，怒伤肝，思伤脾，悲伤肺，恐伤肾。但在临床上并不是一情只伤固定的一脏，既可一情伤几脏，又可几情伤一脏。

（二）影响气机

情志致病，主要是扰乱气机。《黄帝内经》强调人体心理健康，提出"喜则气缓，怒则气上，思则气结，悲则气消，恐则气下，惊则气乱。"

（三）精血亏损

《素问·举痛论》指出："怒则气逆，甚则呕血及飧泄"。《黄帝内经》说："恐惧而不解则伤精……精时自下"，如果人恐惧太过，五脏所藏之阴精失去统摄，耗散不止。

《医学入门》告诉我们："暴喜动心不能主血"。人如果过喜使气血涣散，导致血行不畅。过分思虑，既可耗伤心血，又能影响食欲，造成气血生化不足，皆可使精血亏损。

（四）阴阳失调

《黄帝内经》指出："暴喜伤阳，暴怒伤阴"，说明情志过激，可损阴伤阳。《黄帝内经》又说:"大惊卒恐,则气血分离,阴阳破散。"

阴阳平衡,是维持人体生命活动的基本条件。所以《黄帝内经》强调:"阴平阳秘,精神乃活;阴阳离决,精气乃绝。气血不和,百病乃变化而生。"认为一切疾病的产生均由阴阳气血不和所致。

（五）先伤神,后伤形

《彭祖摄生养性论》指出:"积忧不已,则魂神伤矣;愤怒不已,则魄神散矣,喜怒过多,神不归定;憎爱无定,神不守形;汲取而欲,神则烦;切切所思,神则败"。说明情志太激不但伤神,而且伤形。《素问·阴阳应象大论》云:暴怒伤阴,暴喜伤阳。厥气上行,满脉去形。

三、现代医学对情志致病的认识

在现实生活中,如果一个人的不良情绪没有及时地缓解或发泄,就会对身体造成损害。北京中医药大学教授郝万山指出:"处于亚健康状态的人们,如果不注意情绪上的自我调节,就会逐步发展为疾病,我们千万不可掉以轻心"。俄国生理学家巴普洛夫指出:"一切顽固沉重的忧郁和焦虑足以给各种疾病大开方便之门"。国外学者胡夫兰德也在《人生长寿法》一书中说过:"一切对人不利的影响中,最能使人短命夭亡的是不好的情绪和恶劣的心境,如忧虑、颓丧、惧怕、贪求、怯懦、妒忌和憎恨等。"

（一）情绪与心血管疾病

持续紧张的情绪和过度疲劳的精神是引起高血压病的一个重要原因。根据世界卫生组织的规定,当成人的收缩压≥140mmHg 或（和）舒张压≥90mmHg 时就可确诊为高血压。在日常生活中有些人常常因为暴怒、恐惧、紧张或过于激动而引起心血管病,严重的导致死亡。

由于在愤怒的情绪下,外周血管阻力增加,导致舒张压的显著增高。由于在恐惧的情绪下,血输出量的增加,引起收缩压的上升。

七情太过导致神经系统的失调严重,会引起各种神经官能症,包括神经衰弱、强迫症。极为严重的引起精神错乱、行为失常。所谓反应性精神病就是由于强烈、突然或持久的精神因素所引起的一种精神障碍。

在《儒林外史》中一个很有特色的人物范进,屡考不中,年近半百之后突然考中,暴喜之际,突然昏倒,继则到处乱跑,狂呼乱叫,众人都说:"新贵人欢喜疯了!"。

（二）情绪与消化系统

不良情绪可能引发消化系统障碍，如恶心呕吐、胃痛、慢性胃炎、消化性溃疡、结肠过敏、腹痛腹泻等。

（三）情绪与呼吸系统

当人受到较大的打击，心理失去平衡时，可引起胸闷、气急、面色苍白、心率改变、头额冒汗、哮喘等。当换气过度时，血液中的二氧化碳成分降低，出现手指发麻、肌肉颤抖、头晕，甚至昏厥。

（四）情绪与内分泌系统

强烈的刺激可导致糖尿病、甲状腺功能亢进等病。

引起糖尿病的原因有很多，其中的一个原因就是淤出来的。精神抑郁，淤久了，阴阳俱虚。甲状腺功能亢进病："过度紧张、长期焦虑等精神负担，是诱发'甲亢'的重要因素。"升学、出国、晋级、提职等均可引起情绪波动；学习、工作过度劳累引起精神持续紧张，与甲亢病发病更有密切关系，而农村的"甲亢"病人相对较少。

（五）情绪与癌症

癌症与心脑血管疾病、糖尿病一起，是威胁人们生命与健康的"三大杀手"，影响着人们的生活质量。引起癌症的原因尽管很多，近年来大量科学实验证实，不良的心理—社会刺激因素是一种强烈的促癌剂。现代心身医学实验也证实，不良心理因素，过度紧张刺激、忧郁悲伤可以通过类固醇作用，使胸腺退化，免疫性 T 淋巴细胞成熟障碍，抑制免疫功能诱发癌症。

当今社会竞争日趋强烈，不可能事事如意，心理打击与心理矛盾在所难免。如果思想认识不当、固执保守、认死理，经常处于心理不平衡的状态，就会产生心理性疾病。另外，由于工农业生产等污染引起的空气、水源污染，人们的脑细胞及神经细胞不断地受到化学物质的侵害，神经的应急能力下降，神经的生理功能受到障碍，也会导致心理疾病。

如何避免不良精神因素的刺激，保持心理健康，是非常重要的。

四、情志病：女子伤春，男子悲秋

女性属阴，以血为先，其性多柔弱。女性容易跟春天的生发之气相感，诱发女子对生育本能的冲动，在万物生长发育的春天感情抑郁，其主要表现在肝肾。

　　男性属阳，以气为主，性多刚悍，对外界刺激有两种倾向：一是不易引起强烈变化；一是表现为亢奋形式，多为狂喜、大怒，因气郁致病者相对少些。男性比较容易与秋冬浓郁的阴气相感，秋天的时候，万物都结果实了。男人到这个时候看到自己还一无所成的话，或是在生活中遇到了一些挫折，就会悲从心来，易于焦虑或烦躁，其主要表现在心肺。

　　生存之道是解决心灵之痛的一剂良方。只可惜，现在有些大学生太自负，太自信，甚至敢于反季节去行事。如早恋、早孕现象，全然不顾"因天之序"，生理、心理自然百病丛生！

　　男八女七——生命周期的奥秘。青春期：女 14、15 岁，男 15、16 岁；更年期：女：45～55 岁，男：40～60 岁。男人和女人均有更年期，只不过女人的更年期症状明显，男人的更年期症状不明显，比较平缓。女人的生命节律以"7"为一个阶段性，而男人的生命节律和"8"相关。

　　女同志过了 28 岁，男同志过了 32 岁，身体就开始走下坡路了，此时就要在饮食上多加注意。因为脾胃的运化能力开始减弱了。当脾胃运化能力强的时候，食物的精者化升成气血，浊者就排出体外了。脾胃运化能力弱，代谢的东西排不出去，就会发胖，开始衰老了。

　　大学生身体正处于生命的"黄金时期"，应磨炼意志，养成积极进取、自信乐观的学习、生活态度；更应该去珍惜时间，珍惜生命，热爱生活和学习。

第 2 节　调神养生法

　　历代养生家把调养精神作为养生寿老之本法，通过怡养心神，调摄情志、调剂生活等方法，从而达到保养身体、减少疾病、增进健康、延年益寿的目的。《素问·上古大真论》言："精神内守，病安从来?"说明"养生贵乎养神"。

一、人的"精气神"

　　所谓"精气神"，首先，外表上要有精神，给人一种充满活力的感觉。其次，气要往上提、身体向上拔，给人一种向上的力量。第三，目光要有穿透力、要有神，带着一份坚定一份自信，三者缺一不可。

　　神是人的生命活动现象，它包括精神意识、知觉、运动等在内，以精血为物质基础，是血气阴阳对立的两个方面共同作用的产物，并由心所主宰。

"神"是由先天之精生成的，当胚胎形成之际，生命之神也就产生了。神在人身居于首要地位，唯有神在，才能有人的一切生命活动现象。

人的生命活动概括起来可分为两大类，即以物质、能量代谢为主的生理性活动和精神性活动。

得神与失神："得神者昌，失神者亡。"昌，是指生机旺盛；亡，是说生命消亡。其鉴别点在于是有神还是无神。若两眼明亮、灵活、鉴识精明、语言清楚，即为得神；相反，目光晦暗、瞳仁呆滞、精神萎靡、反应迟钝者，则称为失神。失神者表明身体正气已伤，病情严重。得神，指神旺盛，心理健康；失神，指神气漠散，丧失神气。

二、心理卫生的主要标准

（1）智力发育要正常。因为这是进行正常的生活、学习和工作的基本心理条件，而智力低下则是人类最常见的心理缺陷。

（2）要情绪稳定，心情愉快。情绪稳定，表明中枢神经系统的活动处于相对平衡状态；心情愉快，表明人的身心活动处于和谐与满意状态。

（3）要有良好的人际关系。人类存在着复杂的社会分工和共生环境，自然存在着人与人的关系问题，与人交往建立良好的关系，可以消除孤独感。

（4）加强自身和客观环境的改造，以适应生存的需要。

适应是个体为满足生存的需要而和周围环境发生的调节作用。或改造环境以适应个体的生存需要，或改造自身以适应环境的要求。生物与环境长期的相互作用中，形成一些具有生存意义的特征，即生物对环境压力的调整过程。分基因型适应和表型适应（可逆适应和和不可逆适应）两类。心理健康要求自身和客观现实环境保持和谐的统一。对生活中出现的各种问题，要以良好的心态，面对现实、沉着冷静、积极稳妥地加以处理。

（5）积极参加劳动锻炼。劳动可以使人认识到自身存在的价值，生活的意义。

三、影响神的因素

（一）社会因素

人既是生物的人又是社会的人，是有感情、有思想的活生生的人，是从事劳动过着社会生活的人。因此讲养神、心理健康，不能离开良好的社会环境。

《黄帝内经》曰："余闻上古之人，春秋皆度百岁，而动作不衰；今时之人，年半百而动作皆衰者，时世异耶？人将失之耶？"上古之人能活到百岁以上，重要的原因就是当时民风淳朴。现在亦有理论年龄 120 岁一说，但现实生活中潇洒地活过百岁者又有多少？

所以，良好的社会道德、朴实的民风、和谐的人际关系是精神健康的基础。

（二）自然环境因素

自然环境和人类是一个不可分割的有机整体，环境因素是影响人情绪变化的重要方面。

首先，四季对人情绪的影响。人的情志变化与四时变化密切相关，所以《素问》有"四气调神"之论。《黄帝内经直解》指出："四气调神者，随着春夏秋冬四时之气，调肝心脾肺肾五脏之神志也"。四季不同，情志和心理不同；春在志为怒，夏在志为喜，长夏在志为思，秋在志为忧，冬在志为恐。最重要一点就是顺四时。遵照春夏秋冬四季不同特点，采用不同方式，使精神情志随之而变化，春活泼向上、夏畅达愉快、秋恬静收敛、冬藏而不泄。有利于人体阴阳协调，气血平和。

其次，气候对人情绪的影响。如阴雨连绵之时，人会感到"忧郁，闷闷不乐"；风和日丽或春光明媚之时，人就会感到心情舒畅，容易充满生机。

第三，色彩对人情绪的影响。颜色是通过人的视觉起作用的。不同颜色所发出的光的波长不同，当人眼接触到不同的颜色，大脑神经做出的联想跟反应也不一样，因此色彩对人的心理有直接的影响。

黑色易使人感到肃穆、烦闷、丧气，故丧礼时臂缠黑纱。红色可使人想到太阳，想到火，它能兴奋神经，给人以鼓舞、使人兴奋，还能渲染热烈的气氛，故在迎亲、嫁娶和节日中，常用红色；但过久凝视大红色会影响视力，还会产生一种恐怖感。蓝色可使人想到蔚蓝的天空和大海，令人心胸开阔，消除烦恼。黄色其色明亮、柔和，易使人充满喜悦。绿色，使人想到青山绿水，象征着春天、生命、青春，因此它是人们最喜欢的颜色。此外，绿色能降低人的眼压，缩小视网膜上的盲点，促进正常的血液循环，很快消除眼的疲劳，故绿色使人安定、镇静。

（三）自身疾病

"人有五脏化五气，以生喜怒悲忧恐。"内脏的病变可导致情志异常的变化。

所谓内脏的病变，主要是指五脏精气之盛衰，邪气之有无，具体表现在五脏虚实上。《灵枢·本神篇》指出："肝气虚则恐，实则怒"；"心气虚则悲，实则笑不休"。

四、调节心神

安心处世，光明磊落，乐观开朗，随遇而安，乃是安心养神的灵丹妙方。

（一）清静养神

"静则神藏，躁则消亡"，即神宜静而不宜躁。清静，是指精神情志保持淡泊宁静的状态。老子、庄子提出"清静无为"的思想主张，"水静犹明，而况精神"。

（1）清心寡欲。清心，指清醒冷静；寡欲，是降低对名利和物质的嗜欲。《内经》指出"是以志闲而少欲，心安而不惧，形劳而不倦，气从以顺，各从其欲，皆得所愿……所以能年皆度百岁而动作不衰。"要做到少私寡欲需要注意两方面：一是以理收心，明确私字对身心的危害。二是要正确对待个人的荣辱得失。做人要诚实、自信，允许你自私，但一方面为自己着想，另一方面也要为别人着想。

（2）凝神敛思。心神集中专注，不散乱，不昏沉；志向专一，排除杂念，驱逐烦恼。《医钞类编》说："养心则神凝，神凝则气聚，气聚则形全。若日逐攘扰烦，神不守舍，则易于衰老。"。从养生学角度而言，神贵凝而恶乱，思贵敛而恶散。凝神敛思是保持思想清静的良方。

（3）抑目静耳。眼耳是接受外界刺激的主要器官，目清耳静则神气内守而心不劳，若目驰耳躁，则神气烦劳而心忧不宁。老子曾说："五色令人目盲，五音令人耳聋"，此即是说乱视杂听，则会使耳自过用不清，而耗伤神气。尤其要避免"目视玄黄，耳务淫哇"，这样就能减少外界对神气的不良刺激。

（二）立志养德

只有对生活充满信心，有目标、有追求的人，才能很好地进行道德风貌的修养和精神调摄，更好地促进身心健康。

1. 立志修养

树立理想，坚定信念，充满信心，量力而行，保持健康的心理状态是养生保健的重要一环。

理想和信念是大学生健康成才的精神保障，有了正确的志向，才会真正促使他们积极探索生命的价值，寻找生活的真谛，追求知识，陶冶情操，促进身心全面健康发展。

理想和信念是生活的主宰和战胜疾病的动力。科学证明人的内在潜力很大，充满自信心，顽强的意志和毅力是战胜疾病的极为重要的力量。《灵枢·本脏篇》言："志意者，所以御精神，收魂魄，适寒温，和喜怒者也"。生活实践证明意志坚定的人，能较好地控制和调节自己的情绪，保持良好的精神状态。

2. 道德修养

古人把道德修养作为养生一项重要内容。儒家创始人孔子早就提出："德润身"，"仁者寿"的理论。古代的道家、墨家、法家、医家等，也都把养性养德列为摄生首务，并一直影响着后世历代养生家。唐代孙思邈在《千金要方》中说："性既自喜，内外百病皆悉不生，祸乱灾害亦无由作，此养性之大经也"。明代的《寿世保元》说："积善有功，常存阴德，可以延年"。明代王文禄也在《医先》中说"养德、养生无二术"。由此可见，养生和养德密不可分。

现代养生实践证明，注意道德修养塑造美好的心灵，助人为乐养成健康高尚的生活情趣，获得巨大的精神满足是保证身心健康的重要措施。

（三）开朗乐观

培养乐观的人生态度，提高心理上的抗逆能力，胸怀要宽阔情绪宜乐观。

快乐心情：人生在世每个人不顺心的事十有八九，我们应该学会忘怀。拿得起放得下，多想些开心的事，把不愉快的事放在一边，做点自己喜欢的事。让自己每天快乐多一点。

打开心扉说出你的爱。学会从容面对生活，积极面对生活，生活定会如你所愿。

乐观开朗是人类健康长寿的法宝。《黄帝内经》里的一条重要精神养生原则："以恬愉为务"，即人们务必要保持精神乐观的生活态度。

我国长寿之县——广西巴马瑶族自治县，生活在那里的长寿老人有一个共同的特点，就是乐观开朗。古往今来的老寿星，无不是笑口常开的乐观者。

张寿奇在《实用中医保健学》一书中对乐观描述如下：

乐观的表现有情绪上的乐观和意志上的乐观。情绪上的乐观主要表现在言语、行动、眼神和意识等方面。

形于色。人体心情舒乐，气和志达，则气机畅流，血脉和利。外观面红肤润，气色含蓄协调，精神焕发，舌体红润光泽附有薄白苔。

乐于言。言为心声，心神喜乐，则言必出于外。心神舒畅，气机和调，宗气充足，呼吸均匀，必然会语言准确，流利清楚，语调柔和，悦耳动听。此谓：喜感于心，声必欣悦；乐感于心，言必舒畅。

行于动。神乐则五官四肢欲动。心神司位，气血各主，肌肉丰健，筋脉舒利，技巧自出，敏捷灵活。故表现出喜乐自然，谈笑风生，口有言，手有势，足有舞。此乃一乐生百趣。

彰于目。目为心灵的窗户，传神的灵机。心神昌乐，五脏有藏，精气上荣，则目光炯炯，黑白分明，启闭自如，默默传神，皆为愉悦的表现。

著于识。心神乐则心思有序，精神不乱，意识清楚，思维敏捷，善于分析，遇事不慌，主意多，办法好，工作效率高。

意志坚，是精神意识乐观的突出表现。意志上的乐观表现深邃，如意志坚决，常知足，善处事等。大脑清醒，信念坚定，方向明确，百折不挠，有奋斗到底为事业献身的决心。行动上，表现为不达目的誓不罢休。

苦为乐。此为意志乐观的又一表现。有远大理想，并孜孜以求，为实现美好的理想，不怕一时生活的艰辛，或尝皮肉之苦。且能以苦为乐，奋发进取。

常知足。古人说知足常乐。知足，指对现实生活的适应和满足。"美其食，任其服，乐其俗，高下不相慕，其曰故曰朴。"（《素问·上古天真论》）朴者能随风俗，即"栋垣何必要嵯峨"，"衣裳何必用绫罗"，"盘餐何必羡鱼鹅"，"娶妻何必定娇娥"，"养儿何必尽登科"（《延命金丹》）。

善处事。意志上乐观者，能对人宽厚，对己克俭；能竭尽全力，团结同事，搞好工作；能绝无损人之心，和善处事，使他人视之若亲。牢记"我亏人是祸，人亏我是福"。

（四）以心治神，保持心理平衡。

心理养生是 21 世纪的健康主题。心理养生：就是从精神上保持良好状态，以保障机体功能的正常发挥，来达到防病健身、延年益寿的目的。人的心理活动是人在接触和认识客观事物时，人体本能的综合反映。保持良好心态是健康长寿非常重要的一条，在人生中有重要价值。要淡泊宁静，知足常乐，增强自己的心理承受能力，保证身心健康。

当代社会的特点之一是竞争。长期处在高节奏的竞争环境中，容易产生焦虑、心力疲劳、神经质等心理现象。处理不好就会影响心理健康。为了适应社会的发展，保证健康的体魄，就必须培养在竞争中保持心理平衡的能力。

大学生要培养竞争的意识，增强心理素质。所谓竞争意识，就是要有进取心和高度的责任感。有高度责任感的人，表现于对知识的索取，对技艺的追求和对志趣的倾心。

竞争社会所需要的心理素质，首先要有顽强的毅力，毅力是一种持久坚强的意志，它是精神健康的有力保证。同时要有良好的心理承受力。剧烈的竞争常会打破原有的心理平衡，所以必须学会自我调节，做到胜不骄，败不馁，不为琐事忧虑烦恼。无论在任何情况下，都可心地坦然的迎接新的挑战。

社会的发展将会促进合理的竞争，培养竞争意识，适应社会的需要，就能在当代环境中保持健康的平衡心理，保证旺盛的精力，健康的体魄，这对自己、对社会都是有益的，也是每个大学生应该具备的心理素质。

总之，神是生命的主宰，养生必须养神。而养神首先要"静神"，只有神志安静，才不会生病。其次养生要调神，以避免各种不良情绪的刺激。再次，永远保持精神开朗乐观，以保证体内气血的正常运行，做到心平气和。

第 3 节　调摄情绪法

人有各种各样的情绪，是外界环境客观刺激所引起人们精神上的反应。

古人强调："静则寿，躁则夭。"可见心情对健康的影响是非常重要的，心情好，心态好，才谈得上养生，如果心态调整不好，再妙的养生方法也于事无补。生活中谁都难免会出现一些不良的情绪，但我们应善于控制和调节它，及时地加以排除，使我们免受或少受不良情绪的刺激和危害。

调节异常情志的方法多种多样，归纳起来可分为节制法、宣泄法、转移法和情志制约法。

一、节制法

所谓节制法就是调和、节制情感，防止七情过极，达到心理平衡。善于节制情感，是精神修养高雅的体现。适当控制自己情绪，是保证健康的措施之一。

《吕氏春秋》曰："欲有情，情有节，圣人修节以止欲，故不过行其情也。"人要调和、节制情感，防止七情太过，从而达到心理平衡。

现实生活中只有善于避免忧郁、悲伤等消极情绪，使心理处于怡然自得的乐观状态，才会对人体的生理起着良好的刺激作用。提高人的大脑和整个神经系统的功能，使各个器官系统的功能能协调一致。既可避免焦虑、失眠、头痛、神经衰弱等轻度的心理疾病，还可以减少精神分裂症等严重心理疾病的发病机会。

（一）遇事戒怒

消极情绪是对人体健康起危害作用的情绪。愤怒是常见的一种消极情绪，极大地危害人体的健康。怒不仅伤肝，还伤心、伤脑、伤胃等，从而导致多种疾病。

名言曰："冲动是魔鬼，发怒是祸水"。制怒是人的一种能力，需要克制忍耐，修炼始成。在日常工作和生活中，虽遇可怒之事，但想一想其不良后果，可理智地控制自己过极情绪，使情绪反映"发之于情"，"止之于理"。制怒要求不仅遇事冷静，还要及时宣泄，保护肝的功能，疏肝解郁。

（二）做到"宠辱不惊"，防止"乐极生悲"

人世沧桑，诸事纷繁；喜怒哀乐，此起彼伏。庄子提出"宠辱不惊"的处世态度，视荣辱若一，后世遂称得失不动心为宠辱不惊。对于任何重大变故，都要保持稳定的心理状态，不要超过正常的生理限度。

"乐极生悲"形容一个人快乐到极点转而发生悲哀的事情，超出正常范围的快乐情感造成的强烈刺激，使人体血压突然升高，过度兴奋会使高血压患者导致"高血压危象"，感到头晕目眩、视力模糊、恶心呕吐、烦躁不安。"高血压危象"可能会引起脑血管破裂发生猝死。

二、宣泄法

宣泄法又称疏泄法，把抑郁在心中的不良情绪，通过适当的方式宣达、发泄出去，以尽快恢复心理平衡。

（一）直接发泄

用直接的方法把心中的不良情绪发泄出去，具体的做法有痛哭、高歌、倾诉、记日记等。

俗话说："不如人意常八九，如人之意一二分。"人生的道路坎坷不平，每当我们情绪不佳时，千万不要自寻苦恼，把痛苦忧伤闷在心里，一定要发泄，当遇到不幸时，不妨大哭一场；遭逢挫折心情压抑时，可以通过急促、强烈、粗犷、无拘无束的喊叫，将内心的郁积发泄出来，从而使精神状态和心理状态恢复平衡。

事实已证明消化性溃疡病、神经衰弱、失眠等都与情绪压抑有关。男子患消化性溃疡病多于女性，其原因与"男儿有泪不轻弹"有关。

发泄不良情绪必须通过正当的途径和渠道来发泄和排遣，决不可采用不理智的冲动性的行为方式。否则会带来新的烦恼，引起更严重的不良情绪。

（二）疏导宣散

在生活中一个人如果受到了挫折甚至遭遇不幸，可找自己的亲朋好友倾诉苦衷，或写书信诉说苦闷，从亲人朋的开导、劝告、同情和安慰中得到力量和支持，借助于别人的疏导，可以把闷在心里的郁闷宣散出来。

正如俗话所说："快乐有人分享，是更大的快乐，痛苦有人分担，就可以减轻痛苦。"

三、转移法

转移法又称移情法。通过一定的方法和措施改变人的思想焦点，或改变其周围环境，使其与不良刺激因素脱离接触，从而从情感纠葛中解放出来，或转移到另外事物上去。

《素问·移情变气论》言："古之治病，唯其移精变气，可祝由而已"。古代的祝由疗法，实际上是心理疗法。其本质是转移患者的精神，以达到调整气机，精神内守的作用。

我们每个人都要有自己的精神寄托，如果没有那就会崩溃，就会胡思乱想，就会生病。人活一口气，其精神作用非常重要，如果精神支柱倒塌，人就会变得萎靡不振，有时我们为了一个承诺、一个目标、一个希望会战胜许多困难。

（一）升华超脱

所谓升华，就是用顽强的意志战胜不良情绪的干扰，用理智战胜生活中的不幸，并把理智和情感化作行为的动力，投身于事业中去，以工作和事业的成绩来冲淡感情上的痛苦，寄托自己的情思。这是排除不良情绪，保持稳定心理状态的一条重要保健方法。

超脱即超然，思想上把事情看得淡一些，行动上脱离导致不良情绪的环境。在心情不快、痛苦不解时，可以到环境优美的公园或视野开阔的海滨漫步散心，可驱除烦恼产生豁达明朗的心境。

我们应该挺起胸膛去迎接生活，用微笑面对生活。振作精神面对现实去迎接生活的种种挑战，路就在你的脚下。

（二）移情易性

移情即排遣情思，改变内心情绪的指向性；易性即改易心志，进过排除内心杂念和抑郁，改变其不良情绪和习惯。"移情易性"是中医心理保健法的重要内容之一。"移情易性"的具体方法很多，可根据不同人的心理、环境和条件等采取不同措施，进行灵活运用。《北史·崔光传》说："取乐琴书，颐养神性"，《理瀹骈文》说："七情之病者，看书解闷，听曲消愁，有胜于服药者矣"。《千金要方》亦说："弹琴瑟，调心神，和性情，节嗜欲"。古人早就认识到琴棋书画具有影响人的情感，转移情志，陶冶性情的作用。实践证明，情绪不佳时听听适宜的音乐，观赏相声或喜剧，苦闷顿消，精神振奋。可见移情易性并不是压抑情感。如对愤怒者要疏散其怒气；对悲痛者要使其脱离产生悲痛的环境与气氛；对屈辱者要增强其自尊心；对痴情者要转移其思念；对有迷信观念者要用科学知识消除其愚昧的偏见等等。

清代名医叶天士指出："劳则阳气衰，宜乘车马游玩。"当思虑过度，心情不快时，邀约几位亲朋好友，到自然野地度假，把自己置身于绮丽多彩的自然美景之中，可使精神愉快气机舒畅。到山上或海边，看日出和日落，让山清水秀的环境去调节消极情绪，陶醉在蓝天白云、花香鸟语的自然环境里，舒畅情怀忘却忧烦。把精神寄托于大自然之中，绿树、蓝天、清风、明月。大自然给我们的东西都是最真实的，可以说是不变的。

平时应根据个人的兴趣和爱好，从事自己喜欢的活动，如音乐欣赏、读书、书法绘画、种花养鸟、弈棋垂钓及外出旅游等，用这些方法从思想上转移不良情绪，寄托情怀、怡养心神，有益于人之身心健康。

（三）运动移情

运动不仅可以增强生命的活力而且能改善不良情绪，使人精神愉快。因为运动可以有效地把不良情绪的能量发散出去，调整机体平衡。当情绪苦闷、烦恼，或情绪激动与别人争吵时，最好的方法是转移注意力，去参加体育锻炼。如打球、散步、爬山等活动，也可采用传统的运动健身法和太极拳、太极剑、导引保健功等，传统的体育运动锻炼主张动中有静，静中有动，动静结合，因而能使形神舒畅、自然、心神安合、达到阴阳协调平衡。且有一种浩然之气充满天地之间之感，一切不良情绪随之而消。此外，还可以参加适当的体力劳动，用肌肉的紧张去消除精神的紧张。在劳动中付出辛勤的汗水，促进血液循环，使人心情愉快，精神饱满。

（四）言语诱导移情法

《黄帝内经·灵枢》中有这样一段话"人之情，莫不恶死而乐生，告之以其败，与之以其善，导之以其所便，开之以其所苦，虽有无道之人，恶有不听者乎？"在一定条件下言语疏导对心理、生理活动都会产生很大的影响，正确地运用"语言"这一工具，对患者进行启发和诱导，宣传疾病知识，分析发生疾病的原因与机制，解除其思想顾虑，提高其战胜疾病的信心，使之主动地配合治疗，帮助患者解除紧张、恐惧、消极的心理状态，从而促进患者早日恢复健康。

四、情志制约法

情志制约法又称以情胜情法。它是根据情志及五脏间存在的阴阳五行生克原理，用互相制约、互相克制的情志，来转移和干扰原来对机体有害的情志，借以达到协调情志的目的。

（一）五脏情志制约法

《素问·阴阳应象大论》曾指出："怒伤肝，悲胜怒"；"喜伤心，恐胜喜"；"思伤脾，怒胜思"；"忧伤肺，喜胜忧"；"恐伤肾，思胜恐"。这是认识了精神因素与形体内脏、情志之间及生理病理上相互影响的辩证关系。一代宗师朱丹溪指出："怒伤，以忧胜之，以恐解之；喜伤，以恐胜之，以怒解之；忧伤，以喜胜之，以怒解之；恐伤，以思胜之，以忧解之；惊伤，以忧胜之，以恐解之，此法唯贤者能之"。金代医学家张子和指出："以悲制怒，以怆恻苦楚之言感之；以善治悲，以谑浪戏狎之言娱之；以恐治喜，以恐惧死亡之言怖之；以怒制思，以污辱欺罔之言触之；以思治恐，以虑彼忘此之言夺之"。后世不少医家创造了许多行之有效的情志疗法。例如或逗之以笑，或激之以怒，或惹之以哭，或引之以恐等，因势利导，宣泄积郁之情，畅遂情志。总之情志既可致病，又可治病的理论，在心理保健上是有特殊意义的。

在运用"以情胜情"方法时，要注意情志刺激的总强度，超过或压倒致病的情志因素，或是采用突然地强大刺激，或是采用持续不断的强化刺激，总之后者要适当超过前者，否则就难以达到目的。

（二）阴阳情志制约法

所谓阴阳情志制约法，就是运用情志之间阴阳属性的对立制约关系，调节情志，协调阴阳。《素问·举通论》指出："怒则气上，喜则气缓，悲则气消，恐则气下，……惊则气乱，……思则气结"。七情引出的气机异常，具有两极倾向的特点。根据阴阳分类，人的多种多样的情感，皆可配合成对，例如喜与悲、喜与怒、怒与恐、惊与思、怒与思、喜乐与忧愁、喜与恶、爱与恨等等，性质彼此相反的情志，对人体阴阳气血的影响也正好相反。因而相反的情志之间，可以互相调节控制，使阴阳平衡。喜可胜悲，悲也可胜喜；喜可胜恐，恐也可胜喜；怒可胜恐，恐也可胜怒等。总之应采用有针对性的情志变化的刺激方法，通过相反的情志变动，以调整整体气机，从而起到协调情志的作用。

以情胜情实际上是一种整体气机调整方法，人们只要掌握情志对于气机运行影响的特点，采用相应方法即可，切不可简单机械、千篇一律的生搬硬套。只有掌握其精神实质，方法运用得当，才能真正起到心理保健作用。

五、保持乐观情绪的常用方法

（一）经常保持微笑

笑是一种有益于人体的活动，是最自然的自我保健运动。美国斯坦福大学的威廉·弗赖依博士说："笑是一种原地踏步的运动，能使人延年益寿。"

四川乐山大佛景区凌云禅院中有一副对联："开口常笑，笑天下可笑之人；大肚能容，容天下难容之事。"

（二）善于交往，避免孤独

孤独会给人带来精神上的空虚和痛苦，影响大脑中枢神经系统的正常功能，使神经和体液的调节失去平衡，机体的免疫、防御机能下降。

孤独还会造成精神上的颓废与寂寞，往往出现自残，或抽烟解闷，或借酒消愁……哲学家培根说："得不到友谊的人，将是终身可怜的孤独者……"

现代医学研究发现，善于交往对个人的社会化和个性的发展起着至关重要的作用，也对每个人的生理和心理健康起着至关重要的作用。交往使得人们彼此增进相互之间思想情感的交流，排遣孤寂，使人增添积极乐观的情绪，产生满足感与幸福感，满足其归属和安全的需要。

一个人的心理需要一旦得到满足，就能体会生活的意义和价值，从而对生活充满信心。

人体为了保持身体健康，既需要营养、运动、休息等生理等方面的满足，也需要友谊、安全、信任、尊重和成就等精神方面的满足，以保持良好的心理生理平衡。

（三）培养情操，改变不良性格

性格是一个人在对人、对事的态度和行为方式上所表现出来的心理特点；医学研究证明，不良性格能成为许多病患的诱发因素。不少人受先天遗传和后天生活的影响，形成了有害于身体健康的某些性格特征。人的性格与疾病的关系极为密切。性情急躁，喜胜好强的人，易患心脏病。

在走向成功的道路上，人们需要克服种种性格缺陷，使自己的行为准则更容易得到别人的认可。

培养情操，改变性格，必须有顽强的毅力，进行坚持不懈的努力。正如美国心理学家索伦森所说："改变性格，这在成年人绝不是轻而易举，一蹴而就的事……"。人生淡如菊，精神会富有，心胸会博大。一份澄明清澈，一份从容淡定。窗外的天空很蓝，人生不会再寂寞。

高血压患者会因性格急躁、容易激动而加剧病情，也会因患者性格平和、情绪稳定而好转。性格脆弱的人往往会因一次精神上的打击而发生精神病，凡事处之泰然、性格坚强、乐观、无忧无虑的人则不易得病。

（四）创造良好的环境

优美舒适的自然环境和良好的社会环境能使人产生乐观的情绪。

医疗气象学研究表明，在阴雨绵绵、浓雾笼罩、乌云密布的时候，人们的精神通常会懒散，变得无精打采、意志消沉、萎靡不振。阳光灿烂的天气，会使人们精神抖擞、振奋和爽快。同样，居住在一个凌乱、阴暗、肮脏的环境里，人们会显得心烦意乱；居住在一个整洁、阳光充足、井然有序的环境里，人们自然会心情舒畅，精神愉悦。

社会环境影响人的心理健康。朴实的民风，和谐的人际关系，良好的社会道德，符合心理卫生的社会环境是心理健康、精神愉快的基础。

家庭和睦、亲子之爱、夫妻之爱足以消除郁积心头的苦闷与烦恼；和谐快乐的生活气氛使人乐观向上，心胸开阔。

适当的休闲，有利于解放自己、释放压力、解除烦恼，对大学生相当重要。适时的放松是非常需要的生活。给自己一些时间，10分钟就够了，自己独处、思考自己需要什么、想过什么样的生活、要先关心疼爱自己、才能疼爱关心家人，有想法才会有做法，心动后才会行动。压力易导致头痛、失眠、抑郁症、精神官能症等，不可以忽视。许多的压力是无形当中累积，现代人要有自我觉察的能力。

笑口常开，健康常在。人生最好的打扮就是微笑。微笑让你更好看。它可以照亮天空，振作精神，改变你周围的气氛，更可以把一个毫不起眼的人从头到脚，彻底改造成一个全新的人，微笑会使你更受别人的欢迎。

我们生活在一个纷杂的世界，"世事如棋，让一着不为亏我。心田似海纳百川方见容人"。"忍一时风平浪静，退一步海阔天空"。随时调节自己的情绪，不要独自苦思冥想，忧愁伤悲或愤愤不平。

无论我们的人生多么一帆风顺，总会有令人紧张、感到压力的时刻降临。误会和争执都会增加心理负担。只有自己适时减压，才能保持良好的心境。

只要你认为你的生活是阳光的，你就会很快乐！笑容是良药，音乐是秘方，让音乐给你健康，因为美妙的音乐能够通脉、健脑、静心、提神。如果照做必能健康长寿。理得则心安，心安则体健。哲学思维和意识可以使人豁达明理而身心安康。你能坚持吗？

综上所述，大学生一定要保持愉快的心情，培养良好的性格，使自己成为一个乐观、性格开朗的人。同时，遇事从大处着想，不因小事而烦恼，不斤斤计较，思想开阔，胸怀坦荡，保持良好的人际关系。

本章参考文献：

[1] Leon，丁亮．快乐，健康大处方［J］．中国健康月刊，2009

［2］周斌，黄鸿飞，何宣华．张子和"血气流通论"探讨［J］．贵阳中医学院学报，2009

［3］张莉军，刘晋．健康的一半是心理健康［J］．科技信息，2007

［4］杨力．阴阳失衡百病生［M］．北京：北京科学技术出版社有限公司，2010

［5］宋若水．有此大智慧越活越精神［J］．长寿，2010

［6］梁冻．长寿之敌——精神垃圾［J］．心血管疾病防治知识，2009

［7］梁冻．长寿之敌——精神垃圾［J］．医药与保健，2008

［8］张寿奇．实用中医保健学［M］．北京：人民卫生出版社，1990

［9］曲黎敏．中医与传统文化［M］．北京：人民卫生出版社，2005

第3章　运动保健

　　森林中有狼有鹿，狼吃鹿。为了保护鹿，猎人就把狼消灭了。因为没有狼鹿吃饱了就躺在草地上休息晒太阳，缺少运动。几年后，鹿变成胖鹿，脂肪肝、冠心病等自身疾病越来越多，死得越来越早，鹿群也越来越少了，快要绝种了。

　　怎么办呢？把狼请回来。重新把狼放到树林里，狼吃鹿，狼追鹿跑，在此过程中，鹿的身体得到了锻炼。狼吃鹿虽然残忍，却淘汰了鹿种群中的弱势个体，强势个体可得到更为充足的生存资源，使后代生活更好，因此对鹿群的进化是有利的。狼吃鹿的同时，又能维护鹿种群的稳定。因为狼吃掉一些鹿后，森林中鹿的总数会控制在一个合理的密度，维护森林生态系统的稳定。

　　狼与鹿的传奇故事——动态平衡。

　　动物学家研究发现，大象在野外生活可活到200岁，一旦被关进动物园，尽管生活条件比野外好得多，却活不到80岁；野兔平均可活15年，而自幼养在笼内过着"优越"生活的家兔，平均寿命才4～5年。

　　为什么野生动物比家养动物寿命长呢？野生动物为了寻食、自卫、避敌、摆脱恶劣气候的侵害，经常要东奔西跑，身体得到了很好的锻炼。野生动物的优质遗传基因代代相传，体质变得越来越好，寿命自然比家养动物长了。

　　人亦是如此，经常参加体育运动锻炼的人寿命就长。运动是健康长寿之本。

第 1 节　运动保健的意义

运动保健是通过运动锻炼，活动筋骨、调节气息、静心宁神从而疏通经络、调和脏腑气血，达到增强体质、益寿延年的目的。

动则身健，不动则体衰。男性多运动自然就充满阳刚之气，挺拔轩昂这是男性美的根本。女性多运动，自然就充满阳光亲切感，给女性美锦上添花，女子亭亭玉立。

治病不如防病，防病不如健身。随着我国人口老年化进程的加快，提高人口素质的重要途径就是开展全民健身运动。运动既健身又健脑：经常保持有规律地运动，就会气血调和，疏经活络，百脉通畅，脏腑机能优良，有效地促进机体新陈代谢。

运动（如图 3-1 所示）是维持健康的重要因素。法国思想家伏尔泰的至理名言："生命在于运动"。医学之父希波克拉底说："阳光、空气、水和运动，是生命和健康的源泉"。经常参加体育运动是增强体质、促进健康的最有效手段，可锻炼人的意志，增强自信心，并具有减轻应激反应和紧张情绪的作用。通过体育锻炼，可以增加人与人之间的接触，使人身心愉快，从中获得社会需要的满足感。

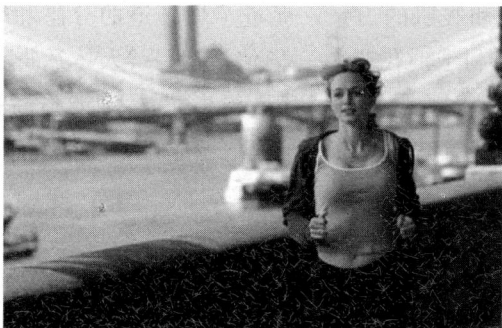

图 3-1　跑步

现代人类学和医学证明，人类的生命在于运动。运动促进和改善体内脏器自身的血液循环，有利于脏器的生理功能，使身体各器官充满活力，提高机体的免疫机能及内分泌功能，推迟了向衰老变化的过程，对心血管系统极为有益。

适度的体育运动，使我们的日常生活和工作充满了朝气蓬勃的活力和轻松愉快的乐趣。帮助建立有规律和有秩序的生活，提高了睡眠的质量，保证了充足的休息，提高了工作效率；还提高了我们机体的适应和代偿机能，健全体魄，从而增加对疾病的抵抗力。所以，运动是健康的源泉。

中医将精、气、神称为"三宝"，与人体生命息息相关。运动养生则紧紧抓住了3个环节。调意识以养神。以意领气，调呼吸以练气，以气行推动血运，周流全身。以气导形，通过形体、筋骨关节的运动，使周身经脉畅通，营养整个机体。做到形神兼备，百脉流畅，内外相和，脏腑谐调，机体达到"阴平阳秘"的状态，从而增进机体健康，以保持机体旺盛的生命力。

一、动以养形

运动有利于保持身材，防治身体肥胖。人体运动主要围绕肩、腰、髋、膝、踝等关节来进行，因为每一处关节部位分布着若干肌群，经常运动增强了肌肉关节的活力，能去掉多余的脂肪，使人动作灵活轻巧，反应敏捷迅速。

金代医家张子和强调"唯以血气流通为贵。"《寿世保元》说："养生之道，不欲食后便卧及终日稳坐，皆能凝结气血，久则损寿。"说明运动能够促进气血畅达，增强抗御病邪能力，提高生命力。

二、运动增强脾胃功能

运动增加膈肌和腹肌的力量，促进了胃肠道的分泌和蠕动，防止食物在消化道中滞留，有利于消化吸收。华佗指出："人体欲得劳动，但不当使极耳，动摇则谷气得消，血脉流通，病不得生。"运动能强健脾胃，促进了饮食的消化输布。人体脾胃健旺，气血生化之源充足，才能健康长寿。

三、运动加强心脏功能

运动使心肌发达，收缩有力，促进血液循环，增强心脏的活力，改善末梢循环。根据对哈佛大学 17000 名毕业生普查的一份研究报告中指出：经常进行积极的运动，使心脏病发作的危险性减少 35％。

四、运动能增强肺的功能

经常运动锻炼能改善肺功能，增加血氧含量，有利于感冒和气管炎的防治。运动增强了卫外功能，使人适应气候变化，从而有助于预防呼吸道疾病。

五、运动能提高肾脏的功能

运动使新陈代谢旺盛，代谢废物大部分通过肾脏排泄活动，使肾机能得到很大锻炼。中医认为肾主骨，不少中老年人常见的骨质脱钙、骨质增生、关节挛缩等疾病，也可通过经常的锻炼而得以预防。

六、运动使人精神愉快

"运动是世界上最好的安定剂"，运动有益于神经系统的健康，有助于保持旺盛的精力和稳定的情绪。运动可促进脑循环，改善大脑细胞的氧气和营养供应，延缓中枢神经细胞的衰老过程提高其工作效率。尤其是轻松的运动，可以缓和神经肌肉的紧张，收到放松镇静的效果，对神经官能症、情绪抑郁、失眠、高血压等都有良好的治疗作用。进行体育运动，能使肌肉在一张一弛的条件下逐渐放松，有利于解除肌肉的紧张状态，减少不良情绪的发生。

运动能使人体内脑内啡的含量增加，脑内啡是一种天然的止痛物质，能使人有清新舒畅、思维敏捷、精力旺盛，消除紧张、焦虑的情绪，有助于改善睡眠。

第 2 节　运动保健的方法

常见的方法有：八段锦、易筋经、五禽戏、六字诀，以及太极拳，散步等等。健身气功养生的特点：强调意念、呼吸和躯体运动相互配合的活动。它不仅包含了形体的健康，而且包含了心理的健康。

健身气功"四部功法"包括八段锦、易筋经、五禽戏、六字诀。"四部功法"是中华民族的魁宝，是国家评定的优秀健身体育项目；也是国家体育总局自上而下逐级培训骨干后，向全国推行的全民健身项目。

一、八段锦

八段锦，又称千年长寿操，是由 8 节不同动作组成的一套医疗、康复体操。八段锦（图 3-2）口诀：双手托天理三焦，左右开弓似射雕，调理脾胃单举手，五劳七伤回头瞧，攒拳怒目增力气，双手扳足固肾腰，摇头摆尾去心火，背后七颠百病消。全套动作精炼，松紧配合适度，具有疏通经络，消结化瘀，保津益气，减脂降压，有助于阴阳平衡，畅通气血，疏筋柔体，调整脏腑的作用。

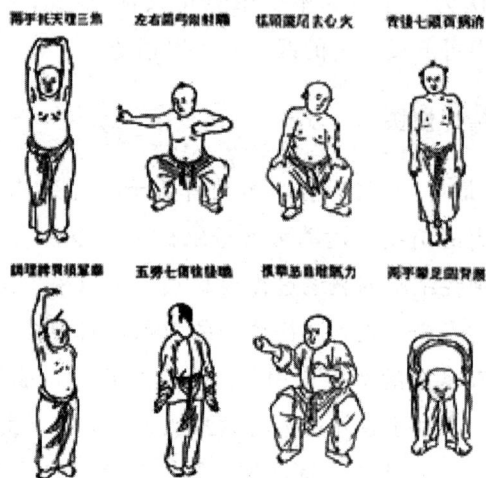

图 3-2　八段锦

二、易筋经

易筋经共有 12 式（图 3-3），一种以强身壮力为主的锻炼方法。"易"有变易的意思，"筋"指筋脉，易筋经融入了健身气功学，它的主要特点及功效是：动作舒展，动静结合，内静以收心调息，外动以强筋壮骨，减肥美体，增强精气神。

图 3-3　易筋经

在练易筋经时，一定要轻松乐观，心情舒畅。在练功前 10 分钟，不要进行比较剧烈的活动，诱导思想入静。练功场所宜安静，空气新鲜，衣着松适，不能紧腰、束胸，不穿高跟鞋。练功时不可过饱或过饥，练功前排解大小便。

三、五禽戏

五禽戏是模仿虎、鹿、熊、猿、鸟五种动物的动作（图 3-4），来保健强身的导引方法。名医华佗长年在外行医，走山野路，穿越沟壑林莽时常碰到各种飞禽走兽。他是个随时留心观察各种景物的有心人。有时他看到黑熊在林间抱树摇晃或滚地嬉戏，动作粗犷有力；有时见到猿猴攀缘树上，舒展折枝或卷臂倒悬，技巧灵活敏捷；有时见鹿疾驰，跳跃如飞，体态轻盈优美；有时见禽鸟栖息湖畔，转头伸颈环顾或展翅飞翔，动作协调自如；这一切在华佗的心中，逐渐形成了一种健美运动形象。他便反复观察，琢磨，有时就情不自禁地模仿做着几个动作。就这样他结合人体的生理特点和动作习惯，仿效五禽动作，编成了世界上最早的医疗体操——五禽戏。

其弟子吴普按照"五禽戏"天天锻炼，活到 90 多岁，还耳目聪明、牙齿完好。"五禽戏"的出现，使中医健身术发展到一个崭新的阶段，为以后其他运动保健形式的出现，开辟了广阔的前景。

五禽戏模仿虎之威猛，鹿之安详，熊之沉稳，猿之灵巧，鸟之轻巧以锻炼身体，可增强体力，行气活血，舒筋活络，也可用于慢性病的康复治疗。可以全套练习，也可练习其中 1~2 节。虎戏——主肝。通督脉，祛风邪，益肾强腰，壮骨生髓，使周身肌腱与骨骼和腰髋关节加强，精力旺盛。鹿戏——主肾。通经络，行血脉，舒展筋骨，引伸筋脉，增强行走能力，能补肾，美体。熊戏——主脾。强化脾胃运化能力。猿戏——主心。能强心益智，外练治颈椎脊椎腰椎疾病，使肢体灵活轻盈；内炼抑制思想活动并能使思维敏捷。鸟戏——主肺。调理气血，疏通经络，活动筋骨关节，加强肺呼吸功能，增强大脑与身体的平衡能力，健身美体，肢体灵活、协调。

五禽戏图

图 3-4　五禽戏

四、六字诀

六字诀（图3-5）利用人在呼气时发出"嘘、呵、呼、呬、吹、嘻"六个字的音，再配合吸气，来达到锻炼内脏，调节气血，平衡阴阳的目的。

图3-5 六字诀

练六字诀分两个阶段：第一阶段着重呼吸、式子、吐音；第二阶段转到处理意念、吐字出气流。练"嘘"字功，睁眼练，其他字可以闭目吐。每个字吐六次。吸气时鼓肚子，呼气时瘪肚子。吐字呼气，吐尽吸气，嘴呼鼻吸。

预备功：头顶如悬，双目凝神，舌舐上颚，沉肩垂肘，含胸拔背，松腰坐胯，双膝微屈，双脚分开，周身放松，大脑入静，顺其自然，切忌用力。

（一）春嘘明目木扶肝，念"嘘"字治肝病。

本功法对肝郁或肝阳上亢所致的目疾、头痛以及肝风内动引起的面肌抽搐、口眼歪斜等有一定疗效。如天天长时间上网，就会造成肝和心的损伤。"嘘"字有避藏之意，有解瘀的功能。

（二）夏至呵心火自闲，念"呵"字治心病。

本功法对心神不宁、心悸怔忡、失眠多梦等症，有一定疗效。夏天一派火象，心火盛，易发生心脏猝死。心开窍于舌，心气不足就会出现口误，经常吃苦果降心火，练"呵"字功降心火。

（三）四季常呼脾化餐，念"呼"字治脾病。

本功法对脾虚下陷及脾虚所致消化不良有效。脾胃实热口发臭，人们通常吃口香糖；鼻窦炎容易出现口臭，是脾胃精气不足造成的。如果人体出现消瘦、流口水等问题，都属于脾病。

（四）秋呬定收金肺润，念"呬"字治肺病。

本功法对于肺病咳嗽、喘息等症有一定疗效。过食冷饮，会伤肺气；空调对肺的气机有很大损伤；久卧伤气，老躺着，就会伤人的气，伤肺气。

（五）肾吹惟要坎中安，念"吹"字治肾病。

本功法补肾，对肾虚、早泄、滑精等症有效。肾水生肝木，人不要无休止的泛滥欲望；要节制欲念，经常锻炼，健康饮食，多吃种子。

（六）三焦嘻却除烦热，念"嘻"字理三焦之气。

本功法对由于三焦气机失调所致耳鸣、耳聋、腋下肿痛、齿痛、喉痹症有效。嘻与喜悦有很大关系，要保持心情愉快，经常锻炼。

修炼"四部功法"的注意事项：炼健身气功时，一定要有好老师手把手带；刚开始练功时，不要刻意追求"气感""内劲"，顺其自然，功到自然成。修炼气功时不许说话；生气时不要修炼；锻炼出汗后，不要洗冷水澡；做到坚持不懈。

五、太极拳

太极拳（图 3-6）以"太极"哲理为依据，以太极图形组编动作的一种拳法。太极拳是我国武术著名的内家拳种之一，由来已久。它是一种既有益于健康，又能抗暴自卫，并具有极高哲理、生理和技击力学原理的拳术。太极拳既能锻炼身体，又能防治疾病。打太极拳不受时间和季节的限制，男女皆宜，姿势优美，动作柔和。打太极拳最大的用途是有利于神经系统和平衡功能的改善。

图 3-6 太极拳

首先，经常打太极拳能锻炼神经系统，提高感官功能。由于打太极拳时，要求全神贯注，不存杂念，人的思想始终集中在动作上，故使大脑专注于指挥全身各器官系统机能的变化和协调动作，使神经系统自我控制能力得到提高，从而改善神经系统的功能，有利于大脑充分休息，消除机体疲劳。其次，能增强呼吸机能扩大肺活量。练太极拳时要求气沉丹田，呼吸匀、细、深、长、缓，保持腹实胸宽的状态，这对保持肺组织弹性、增强呼吸肌、改进胸廓活动度、增加肺活量、提高肺的通气和换气功能均有良好作用。

中医认为时常打太极拳之所以健身是因为太极拳运动能畅通经络，培补正气。练习太极拳到一定功夫时，可通任、督、带、冲诸脉，增加丹田之气，使人精气充足、神旺体健。打太极拳可以补益肾精，强壮筋骨，对许多疾病有防治和康复作用。因此，大学生应该学会打太极拳。

六、体育舞蹈

体育舞蹈，也称"国际标准交谊舞"。体育运动项目之一。是以男女为伴的一种步行式双人舞的竞赛项目。

图 3-7　体育舞蹈

（一）体育舞蹈特点

体育舞蹈是由属于文艺范畴的舞蹈演变的体育项目，它兼有文艺和体育的特点，是介于文艺和体育之间的边缘项目，是以竞赛为目的，具有自娱性和表演观赏性的竞技舞蹈。

（二）严格的规范性

规范性首先表现在体育舞蹈是一个完整的舞蹈系统，如同中国古典舞和西方芭蕾舞一样，是经过数百年历史的锤炼，几代人的加工而成的；其次表现在技术的规范性上，它严格到多一分嫌过，少一点欠火。

（三）表演观赏性

体育舞蹈融音乐、舞蹈、服装、风度、体态美于一体，既有观赏的价值又有参与的可能，被认为是一种"真正的艺术"。

（四）体育性

体育性一方面体现在竞技性，即比成绩，拿冠军，为国争光；另一方面表现在锻炼价值上，从 20 世纪 60 年代至今，许多科研人员对体育舞蹈的生理和心理作用做过研究，通过对人体能量代谢、能量消耗和心率变化的测定，显示出：华尔兹和探戈的能量代谢为 7.57，高于网球 7.30，与羽毛球 8.0 相近；体育舞蹈的最高心率为：女子 197 次/分，男子 210 次/分。可见，体育舞蹈引起人的生理变化是明显的，它是陶冶情操，锻炼体魄的一种极好形式。

体育舞蹈有利于增强大学生的身体素质，能改善大学生的形体条件，是一项非常适合大学生锻炼的体育项目。

七、散步

散步是我国的传统健身方法之一。《黄帝内经》指出："夜卧早起，广步于庭"，提倡人们早晨起床后应到庭院里走一走。散步健身的方法是一种简便易行的健身方法。

散步是指从容地行走（如图 3-8 所示）。人们带着轻松畅达的情绪，通过缓慢的行走、四肢自然而协调的动作，可使全身关节筋骨得到适度的运动，能使人气血流通，经络畅达，利关节而养筋骨，畅神志而益五脏。持之以恒则能让你强健身体、延年益寿，提高生活质量。

散步时平稳而有节律地加快、加深呼吸，既满足了肌肉运动时对氧供给的需要，又锻炼和提高了呼吸系统的机能。散步时肺的通气量比平时增加了一倍以上，从而有利于呼吸系统功能的改善。

散步时由于腹部肌肉收缩，呼吸略有加深，膈肌上下运动加强，加上腹壁肌肉运动对胃肠的"按摩作用"，消化系统的血液循环会加强，胃肠蠕动增加消化能力提高。散步有类似气功的妙用，可增强消化腺的功能；腹壁肌肉

图 3－8　散步

的运动，对胃肠起按摩作用，有助于食物消化和吸收，也可防治便秘。

散步可以使大脑皮层的兴奋、抑制和调节过程得到改善，从而收到消除疲劳、放松、镇静、清醒头脑的效果，所以很多人都喜欢用散步的方法来调节精神。

散步可以缓解神经肌肉的紧张而起到镇静的作用。走路使身体逐渐发热，加速了血液循环，使大脑的供氧量得到了增加，成为智力劳动的良好催化剂。血液循环加快产生的热量，可以提高思维能力。法国思想家卢梭说："散步能促进我的思想，我的身体必须不断运动，脑力才会开动起来"。德国思想家歌德说："我最宝贵的思维及其最好的表达方式，都是当我在散步时出现的"。处于学习紧张的大学生，到户外新鲜空气处散步，可使原来十分紧张的大脑皮层细胞不再紧张了，得到积极休息，从而提高学习效率。

散步作为一种全身性的运动，可将全身大部分肌肉骨骼动员起来，从而使人体的代谢活动增强、肌肉发达、血流通畅，进而减少患动脉硬化的可能性。

散步是非常好的有氧运动方式，可以燃烧脂肪，达到轻松减肥的作用。

（一）散步的要领

散步前全身应自然放松，调匀呼吸，再从容散步。如果身体拘束紧张，动作必僵滞而不协调，影响肌肉和关节的活动，达不到锻炼的目的。

在散步时，应该步履轻松，闲庭信步，周身气血方可调达平和、百脉流通。散步时宜从容和缓，百事不思。带着悠闲的情绪、愉快的心情，不仅能提高散步的兴趣，而且是散步养生的一个重要方面。散步须注意循序渐进，量力而为，做到形劳而不倦。

（二）散步的速度

快步：每分钟约行 120 步左右。久久行之，能兴奋大脑，振奋精神，使下肢矫健有力。但快步并不等于疾走，只是比缓步的步履速度稍快点。

缓步：每分钟约行 70 步左右。可使人稳定情绪，消除疲劳，亦有健脾胃、助消化之作用。这种方式的散步对于年老体弱者尤为适用。

逍遥步：是一种走走停停、快慢相间的散步，因其自由随便，故称之为逍遥步。对于病后需要康复者非常有益。

（三）散步的时间

（1）春月散步：在春季的清晨进行散步是适应时令的最好养生方法，因为春天是万物生发的季节，人亦应随春生之势而动。

（2）清晨散步：早晨起床后，到庭院之中，或在林荫大道等空气清新，四周宁静之地散步，可调气而爽精神。但要注意气候变化，适时增减衣服。

（3）食后散步：《老老恒言》曰："饭后食物停胃，必缓行数百步，散其气以输于脾，则磨胃而易腐化。"吃完饭休息 20 分钟左右去散步，能健脾消食，延年益寿，减肥瘦身。

（4）睡前散步：《紫岩隐书》一书中提出："每夜入睡时，绕室行千步，始就枕；善行则身劳，劳则思息……"睡前散步，环境安静，使人心情宁静，产生怡和舒适的感觉，久而久之可有较好的安神效果。

世界卫生组织在 1992 年明确指出，步行是世界上最好的运动。步行是一种最简单的养生方法，可以随时而行。其运动量不大且简便易行，不受时间、空间等条件限制。既可以在乡间的田野小路上缓缓漫步，也可以在城市林荫道上信步而游。绿色的环境，清新的空气，广阔的空间，令人心旷神怡，神清气爽。

日常锻炼应以有氧运动为主体。持续较长时间的、有大肌肉群参与的中、低强度的运动都称为有氧运动。其标志为微微气喘，适当出汗；目的是增强人体吸入、输送和使用氧气的能力。有氧运动能提高人的心肺功能，耐力水平和机体的抗病能力；能帮助调整心态，锻炼意志，增强毅力，还可以有效减肥。美国"每日健康网"推荐的 4 种最适合心脏的有氧运动是快走、游泳、跳舞和骑自行车，能有效改善心肺功能，还能降低血压、调节血脂、控制血糖。有氧运动的强度，运动期间心率应控制在 120～150 次/分钟之间。每天或每周有 3～5 天进行有氧运动锻炼，每次 30 分钟。减肥者应坚持小强度地天天练，每次持续 45 分钟以上，做到量力而行。

运动营养专家认为，在运动前半小时食用少量食物，可以避免因体力活动而消化功能紊乱，同时还可以增强运动效果。如晨练，早餐可食用少量谷类、奶制品。运动中应及时补充水分。在运动后，不宜吃酸性食物（鱼肉等食品），应多吃一些水果、蔬菜、豆制品等碱性食物，以保持人体内酸碱平衡，从而达到消除运动疲劳、保持健康等目的。

第 3 节　运动保健的原则

传统的运动保健法是我国劳动人民智慧的结晶。千百年来，人们在养生实践中总结出许多宝贵的经验，使运动保健不断地得到充实和发展，形成了融导引、气功、武术、医理为一体的具有中华民族特色的保健方法。源于导引气功的功法有：五禽戏、八段锦等；源于武术的功法如：太极拳、太极剑等。无论哪种功法，都讲究意守、调息、动形。以活动筋骨、畅通气血经络、和调脏腑为目的。

一、掌握运动保健的要领

以祖国医学理论指导健身运动，注重意守、调息和动形的协调统一。强调意念，呼吸和躯体运动的配合。意守是指意识要专注；调息指呼吸的调节；动形指形体运动，统一是指三者之间的谐调配合，要达到形、神一致，意、气相随，形、气相感，使形体内外和谐，动、静得宜，方能起到养生、健身的作用。关键是意守，精神专注，才能呼吸均匀，引导气血周流全身。运动时要摒弃杂念，进行自然调息、调心，神态从容。内炼精神、脏腑、气血、外炼筋骨、经脉、四肢，使内外和谐，经络畅通，气血调和，整个机体达到全面的锻炼。

强调动静结合：动静兼修，动静适宜。动于外而静于内，动主练而静主养神。做到内练精神、外练形体，使内外和谐，体现出"由动入静""静中有动""以静制动""动静结合"的整体思想。

二、舒适自然，循序渐进

人们为健康而进行的锻炼，应该轻松愉快，且充满乐趣和丰富多彩。美国运动生理学家莫尔豪斯认为："运动应当在顺乎自然和圆形平面的方式下进行。"在健身方面，没有必要产生疲劳和痛苦，要做到轻轻松松，并渐次增加活动量。

运动健身要循序渐进，不可急于求成。正确的锻炼方法是运动量由小到大，动作由简单到复杂。例如跑步锻炼，刚开始时，跑的速度要慢一些、距离短些，经过一段时间的锻炼之后，再逐渐增加跑步的速度和距离。

三、运动适度，不宜过量

运动保健是通过锻炼以达到健身的目的，因此，要注意掌握运动量的大小。运动量太小则达不到锻炼目的，起不到健身作用；太大则超过了机体耐受的限度，反而会使身体因过劳而受损。

孙思邈在《千金要方》中告诫人们："养性之道，常欲小劳，但莫大疲及强所不能堪耳"。过分剧烈的运动会破坏人体内外运动平衡，加速某些器官的磨损和生理功能的失调，结果缩短生命进程，出现早衰，甚至造成猝死。一旦出现明显的心口发热、心慌气短、头晕等现象，就表明运动过度。

运动健身强调适量的锻炼，一般来说，以每次锻炼后感觉不到过度疲劳为适宜；或以脉搏及心跳频率作为运动量的指标。

洪昭光认为：要掌握好运动的尺度，应该让心率控制在接近而不超过"靶心率"。一般来说，"靶心率"等于 170 减去自身年龄。因此，大学生的运动量，以每分钟心率增加至 140 次为宜。

四、提倡持之以恒

提倡持之以恒，坚持不懈：锻炼身体并非一朝一夕的事，要经常而不间断。《吕氏春秋·尽数》曰："流水不腐，户枢不蠹"，说明了"动则不衰"的道理，也强调了经常、不间断的重要性；水常流方能不腐，户枢常转才能不被虫蠹。

运动保健既是身体的锻炼，又是意志和毅力的锻炼。只有持之以恒、坚持不懈，才能收到健身效果。如果学习忙，每天也应该挤出 8～10 分钟时间，进行短时间的锻炼。若下雨等原因不能到室外锻炼，在室内做做广播操、原地跳、原地跑，打打太极拳等。切忌不能高兴时练得过度疲劳，兴奋过去多少天都不练。

五、运动项目，因人制宜

每个人的体质和爱好不同，所适应的运动方式不同，应选择自己喜爱的、适合自身特点的运动方式，这样人们才能在享受体育活动乐趣的同时做到养生健体。

年轻力壮、身体又好的大学生，可选择踢足球、打篮球、打羽毛球、长跑等运动量大的锻炼项目。体质较弱的大学生应以小运动量为主，如散步、保健体操、广播操、五禽戏、八段锦、太极拳等。对于肥胖、超重的大学生，应选择快步走，骑自行车等耐力性运动，每次坚持 45 分钟以上。大学生长期伏案学习，要多开展仰头、扩胸、伸腰的运动项目，以防颈椎病的发生，同时，由于用眼较多，还应多进行望远活动。

六、运动时间，因时制宜

一般来说，早晨运动较好，因为早晨室外的空气较新鲜，而室内的氧气经过一夜的睡眠后，大部分被人吸收了，二氧化碳的浓度相对增多。到室外空气清新的地方进行运动锻炼，即可把积聚在身体内的二氧化碳排出来，吸进更多的氧气，使身体的新陈代谢增强，为一天的学习打好基础。

午睡前后或晚上睡觉前也可进行运动，以消除一天的紧张，轻松地进入梦乡，但运动不要太激烈，以免引起神经系统的兴奋，影响睡眠。

有些健身运动随时都可以做。但稍微剧烈的运动，不适宜在吃饭前后进行，饭前人处于饥饿状态，运动易发生低血糖症；饭后剧烈运动，既影响消化，又可能引起慢性胃肠炎、胃下垂等疾病。

总之，大学生至少要喜欢一项体育运动，做到适量运动炼出健康。洪昭光说："运动是生活的调色剂，运动是工作的增效剂，运动是健康的促进剂，运动是心理的润滑剂"。

运动贵在坚持，定期参加体育锻炼增强体质，久必获益。良好的身体素质是战胜心理压力的基础。运动最好做到：循序渐进；逐步适应；养成习惯。

本章参考文献：

［1］苗志良．试论中医理论与运动保健的关系［J］．体育文化导刊，2004

［2］王展．健身前后吃什么好［N］．中国中医药报，2008

［3］洪昭光．心脑力养生智慧［M］．吉林：吉林科学技术出版社，2009

第4章 饮食养生

《汉书·郦食其传》说"民以食为天"。饮食是供给机体营养物质的源泉，是维持人体生长发育，维护各种生理功能不可缺少的条件。饮食不仅维系着个体的生命，而且关系到种族的延续、国家的昌盛、社会的繁荣、人类的文明。《黄帝内经》曰："安谷则昌，绝谷则危"，古人亦云："安民之本，必资于食"。

饮食养生是指科学配膳合理摄取食物中的营养，以增进健康，强壮身体，预防疾病，达到延年益寿的目的。通过饮食调配，纠正脏腑阴阳之偏颇。饮食养生主张味薄，忌厚味，忌偏食、多食。

中华民族是以农业为主的民族，是以纤维素食物为主的民族。随着改革开放，我国公民的生活有了翻天覆地的变化，于是拿老祖宗给你消化纤维素食物的肚子，去对付牛排、鸡腿这些食物，当我们经常吃这类食物，脾胃是代谢消化不了的。现在的代谢病、糖尿病等疾病多了起来，与我们饮食习惯的改变有了直接的关系。

饮食养生应该是日常生活中养生的重要内容。饮食养生注重：因后天之本，及早食养；食养的关键在于饮食有节，"谷肉果菜，食养尽之；无使过之，伤其正也。"先食疗、后药饵；多讲究早食常宜早，晚食不宜迟，夜食反多损的原则。

第1节 饮食养生的方法

吃的方法不对，会影响食物的消化吸收。饮食方法主要包括进餐时的情绪，进餐的方式，进餐后的注意事项等内容。

一、进餐情绪

进食宜乐。中医学认为肝疏泄畅达则脾胃健旺，安静愉快的情绪有利于胃的消化，乐观的情绪和高兴的心情可使食欲大增。古有"食后不可便怒，怒后不可便食"之说。所以在进食前后，均应注意保持乐观情绪，力戒忧愁恼怒，不使其危害健康。

首先，要选择适宜的进食环境，即安静、整洁，让人看了舒服。其次，要"以乐侑食"，《寿世保元》中说："脾好音声，闻声即动而磨食"。在进食中，听柔和轻快的乐曲，有助于增进食欲和消化吸收。最后要注意在进食过程中不谈令人不高兴的事情，也不要与人争吵，保持轻松愉快的气氛。

二、进食姿势与速度

进餐时应当端坐，上体与大腿应大于 90 度角，这样才能保证食物畅通入胃。

进食宜缓，不可粗速。《养病庸言》说："不论粥饭点心，皆宜嚼得极细咽下"。从容缓和、细嚼慢咽进食，既有利于各种消化液的分泌，食物易被消化吸收；又能稳定情绪，避免急食暴食，保护肠胃。

人们咀嚼食物产生的唾液中含有淀粉酶，可以促进食物中的淀粉分解，使之转变成麦芽糖。唾液还具有很强的消毒能力，它能杀死食物中的致癌物质。

如果吃饭时狼吞虎咽，进餐速度太快，超过胃部饱满信息向饱腹中枢反馈的速度，饮食就易过量。暴食会加重胃肠道的负担，有时还会发生噎、呛、咳等意外。胖人多数都有吃饭过快的习惯。

三、食宜专心

吃饭时不可分心。"食不语"及"食勿大言"，就是要人们在吃饭时专心致志，否则影响消化吸收。

《论语·乡党》中说："食不语"。进食时，应该将头脑中的各种琐事尽量抛开，把注意力集中到饮食上来。进食专心致志，既可品尝食物的味道，又有助于消化吸收，更可以有意识地使主食、蔬菜、肉、蛋等食品杂合进食，做到"合理调配"。如果进食时，头脑中仍思绪万千，或边玩手机边吃饭，或边看书报边吃饭，没有把注意力集中在饮食上，心不在"食"。不会激起食欲，纳食不香，自然影响消化吸收。

此外，《养生要集》中记载："已劳勿食"，"已汗勿饮"。所谓"已劳勿食"，是说在十分劳累之后，不要立即进食，应该先稍事休息。所谓"已汗勿饮"，是说大汗后不要立即暴饮，因为此时猛喝水，使血容量急剧增加，加重心脏负担。

四、不抽烟，少饮酒，多喝茶

烟、酒、茶与人的健康密切相关，所以讲养生，必须研究烟、酒、茶。

（一）不抽烟好

人最宝贵的东西是生命，抽烟等于慢性自杀（如图4-1所示）。抽烟易患肺癌和咽喉癌。为了您的健康，还是不抽烟好！

（二）少喝酒

酒（如图4-2所示）为百药之长，饮必适量；适量饮酒，可以舒畅心志。

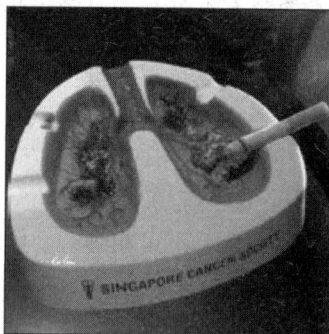

图4-1　吸烟有害健康

"酒逢知己千杯少"，"闲愁如飞雪，入酒即消融"，"李白斗酒诗百篇"，"青梅煮酒论英雄"。常言道："无酒不成席。"每逢过年过节，招待亲朋时，沾酒欢叙，可增加情谊和欢乐气氛。但过量饮酒会酿造悲剧。

怎样喝酒才有益于健康呢？首先，饮酒宜少而不宜多。因为少量饮酒可

黄酒

葡萄酒

图4-2　各种酒类

使人精神振奋、愉快，解除消极情绪。其次，饮酒时要慢慢饮，饮酒中间可以随时喝点浓茶，有解酒作用；饮酒要适时，人不能在空腹时喝酒。

白酒驱外寒，冬天寒冷的时候可适当喝点白酒。

黄酒驱内寒，黄酒以糯米或黏米酿造而成，含有人体必需的多种氨基酸，具有祛风散寒，活血化瘀，补养脾胃的作用。

葡萄属于酸凉之性，葡萄酒能镇静安神。葡萄酒具有轻度的酸味，这种酸度正接近于人体胃液的酸度（pH2～2.5），是蛋白质食品最优良的佐餐饮料。葡萄酒含有丰富的维生素 B，但缺乏维生素 C；钾盐、镁盐含量亦很丰富，但磷酸和钙较少。

（三）坚持喝茶

1. 饮茶有利于健康（如图 4-3 所示）

茶叶：性凉，味甘苦，有清热除烦、消食化积、清利减肥、通利小便的作用。茶叶富含铁、钙、磷、维生素 A、维生素 B1、烟酸、氨基酸以及多种酶，对醒脑提神、清利头目、消暑解渴的功效尤为显著。茶叶富含一种生物活性物质——茶多酚，具有解毒作用。茶多酚作为一种天然抗氧化剂，可清除活性氧自由基，用于保健强身和延缓衰老。另外，茶有明显的防癌抗癌作用，坚持饮茶可防止肿瘤产生。

图 4-3　饮茶

2. 四杯绿茶保健康

每天四杯绿茶：一杯喉吻润——茶可以滋润身心，产生喉韵。二杯破孤闷——茶可以破除烦闷的心情。三杯搜枯肠，唯有文字五千卷——茶可以刺激灵感，使思想清明。四杯发轻汗，平生不平事，尽向毛孔散——茶可以抒发情绪，创造人的正向品质。

3. 讲究科学的冲泡方法

饮茶最好用茶壶冲泡，然后再将茶汤倒入茶杯中，这样，不仅有利于茶香的保存，而且还能节省茶叶。饮用一般的红、绿茶，每杯用茶 3g 左右，200 毫升沸水冲泡 3～5 分钟，即可饮用。

4. 喝茶要辨认茶的性质、先辨体质

金银花、菊花、绿茶等性寒，藏红花、梅花、玫瑰花、红茶等性温。但长期饮浓茶对健康不利。

五、食后漱口

食后还要注意口腔卫生。医圣张仲景在《金匮要略》中说："食毕当漱口数过，令牙齿不败口香"。进食后，口腔内容易残留一些食物残渣，若不及时清除，往往引起口臭，或发生龋齿、牙周病。

经常漱口可使口腔保持清洁，牙齿坚固。一日三餐之后，或平时吃甜食后皆须漱口。漱口的方法有茶漱、水漱、津漱、盐水漱、食醋漱等，其中以茶漱最好。

六、食后摩腹

腹内为胃肠所在之处，腹部按摩是历代养生家一致提倡的保健方法之一，尤宜于食后进行。《千金翼方》说："平旦点心饭讫，即自以热手摩腹"，又说："中食后，还以热手摩腹"。

食后摩腹的具体方法是：先搓热双手，然后双手相重叠，置于腹部，用掌心绕肚脐沿顺时针方向由小到大转摩 36 周，再逆时针方向，由大到小绕肚脐摩 36 周。经常进行食后摩腹，能增加胃肠蠕动，理气消滞，增强消化功能和防治胃肠疾病，是一种简便易行，行之有效的养生法。

七、食后散步

进食后不宜立即卧床休息。饭后宜做一些从容缓和的活动，才有益于健康。《摄养枕中方》中说："食止、行数百步，大益人"。进食后，活动身体，有利于胃肠蠕动，促进消化吸收，而以散步是最好的活动方式。如果在饭后，边散步，边摩腹，则效果更佳。

散步的轻微震动，对内脏器官有良好影响。再加上走路时腹肌前后收缩，膈肌上下运动，对胃肠和肝脾能起到很好的按摩作用，不仅使胃肠蠕动加快，黏膜充血，而且能使消化液分泌旺盛，更好地对食物进行消化，防止发生"积食"。

第 2 节　饮食养生的意义

一、补充营养

食物对人体的滋养作用是健康的重要保证。"精气神"是人之三宝，养生就是要养"精气神"。祖国医学认为，精是后天水谷之精微所化生的物质，为人体各种活动的物质基础；气是人体一切生理功能的动力，是由水谷之精气与吸入的自然界大气合并而成；神则是指人体的精神活动，为生命之主宰。

《寿亲养老新书》说："主身者神，养气者精，益精者气，资气者食。食者生民之大，活人之本也"，明确指出了饮食是"精、气、神"的营养基础。只有机体营养充分，精气才会充足，神志才能健旺。

饮食还可以调整人体的阴阳平衡，养精补形。《素问·阴阳应象大论》说："形不足者，温之以气，精不足者，补之以味"。

新鲜的粮食具有旺盛的生命力。饮食中非常重要的一个原则，就是我们在吃饭的时候，一定要吃新鲜的粮食。新鲜的粮食对人的生命是至关重要的。五谷的生命力是我们生命力量的来源。维持人的生命不能仅靠蛋白质和脂肪，要靠无数具有生命力的种子。在五谷中小米的生命力最强，小米在任何贫瘠的土地上都能生长。"江山社稷"的"稷"字就是小米，对人来讲，小米是补益中的上佳之品。当女同志生完孩子以后，体质是衰弱的，老中医说"糜粥自养"，其实就是指的是小米粥，熬小米粥不能撇掉粥油。粥油就是上面那层皮，是小米的精华部分，主要作用是益气健脾。

一方水土养一方人，南方人以稻米为主，长得相对小巧玲珑。北方人以小麦为主，长得相对身材高大。

二、预防疾病

"治未病"重要的一条，就是加强饮食的滋养作用，因为饮食对人体的滋养作用本身就是对人体的一种重要的保健预防。

某些食物的特异作用可直接预防某些疾病。用绿豆汤预防中暑，用大蒜预防外感和腹泻，用葱白、芫荽预防伤风感冒，用胡萝卜粥预防头晕等。近年来，人们还主张用生山楂、红茶、燕麦降低血脂预防动脉硬化，用玉米粉粥预防心血管病等。

合理安排饮食，机体所需营养才能保证，五脏功能才可旺盛。现代医学证明，人体如缺乏某些食物成分，就会导致疾病。如钙质不足会引起佝偻病，维生素缺乏会产生夜盲症、脚气病、口腔炎、坏血病、软骨症等，而通过食物的全面配合，便可预防上述疾病的发生。

三、治疗疾病

食物与药物都有治疗疾病的作用，但食物每人每天都要吃，历代医家都主张"药疗"不如"食疗"。日食三枣，百岁不显老。冬吃萝卜夏吃姜，不劳医生开药方。男不可百日无姜、女不可百日无糖。

能够用于疾病治疗的食物很多，如山楂消食积，大蒜治疗痢疾。

四、抗老防衰

山药、牛奶、芝麻、桑葚、枸杞子、龙眼肉、鳖等食物都含有抗衰老物质成分，具有一定的防老抗衰延寿作用。经常适当地食用这些食品，有利于健康、长寿。

《养老奉亲书》说："高年之人，真气耗竭，五脏衰弱，全仰饮食为滋气血。"这说明对于老年人，必须注意饮食的调配及保养，只有这样才能延缓衰老。

清代大养生家曹廷栋提出老人以粥调治颐养，可以长寿。他说："老年有竟日食粥，不计顿，饥即食，亦能体强健、享大寿。"

在进食时选用具有补精益气、滋肾强身作用的食品。经常吃核桃可以缓解健忘；经常吃红枣可以益气健脾；板栗有补肾健脾、强身壮骨、益胃平肝等功效，主治肾虚，腰腿无力，能通肾益气，经常生吃栗子可以改善腰腿痛。

第 3 节　饮食养生的原则

饮食要有节制、五味应该调和，违背了饮食宜和忌的原则会对人体造成危害。"鱼生火，肉生痰"，鱼和肉都是可以吃的，但一定要有节制，它只起到一定的补益作用，不能天天把它当作粮食吃。

饮食养生涉及饮食的调配、烹调加工、进食的卫生、饮食前后的保养、饮食的节制、饮食的禁忌以及食疗等许多内容。它在几千年的发展中形成的一些基本的原则，是我国医学的宝贵遗产。

饮食养生的原则：全面膳食、饮食有节、饮食卫生、因人择食、因时择食。

一、全面膳食，合理搭配

自然界中，没有任何一种食物，含有人体所需的各种营养素。饮食多样化，食谱广泛，各类食物合理搭配，才能使人体得到各种不同的营养，以满足生命活动的需要。因此为了维持人体的健康，就必须把不同的食物搭配起来食用。五谷相杂，五味调和，荤素结合。

（一）现代营养学把食物分成两大类

一类主要是供给人体热能的叫主食，在我国主要是粮食。主食的种类很多，它们所含氨基酸、维生素、无机盐的种类和数量又互不相同，故不能只用一种粮食作主食，应做到粗细粮合理搭配，干稀搭配。另一类是副食，主要是更新、修补人体的组织，调节生理机能的，又叫保护性食品。如豆制品、蔬菜、食油等。副食中的肉类、蛋类、奶类、鱼类、海产类、豆类和蔬菜等，都能提供丰富的优质蛋白质和人体必需的脂肪酸、磷脂、维生素、钙、磷、镁、碘等重要营养素，对人体健康起着非常重要的作用。但副食在营养上也各有长短，因此，也应搭配食用和变换食用。

《素问·脏气法时论》中指出："毒药攻邪，五谷为养，五果为助，五畜为益，五菜为充，气味合而服之，以补精益气"，概述了饮食的主要内容。以谷类为主食品，肉类为副食品，用蔬菜来充实，以水果为辅助。五谷杂粮是人体必不可缺的营养，蔬菜、水果、肉类是必要的补充剂。不管什么场合，肉都不能超过主食。人们必须根据需要，兼而取之。这样调配饮食，才会供给人体需求的大部分营养，有益于人体健康。

（二）食物的配伍

食物的配伍分协同与拮抗两方面。在协同方面又分相须、相使，在拮抗方面分为相反、相杀、相畏和相恶。

所谓相须，是指同类食物相互配伍使用，可起到相互加强的功效。如百合炖秋梨，共奏清肺热、养肺阴之功效。所谓相使，是指以一类食物为主，另一类食物为辅，使主要食物功效得以加强，如姜糖饮，温中和胃的红糖，增强了温中散寒生姜的功效。

相反，是指两种食物合用，可能产生不良作用，如螃蟹忌柿子—同食腹泻；鹅肉忌鸭梨—同食伤肾脏；洋葱忌蜂蜜—同食伤眼睛；乌鳢忌茄子—同食肚子痛；鳖忌苋菜—同食中毒；柿子忌茶，白薯忌鸡蛋等。螃蟹和柿子均属于寒性食品，一起食用增毒性；民间有种说法"蟹柿同食命断肠"。

（三）五味调和

五味入五脏，任何口味皆不可过度。《素问·至真要大论》中说："五味入胃，各归所喜，故酸先入肝、苦先入心、甘先入脾、辛先入肺、咸先入肾，久而增气，物化之常也。"这说明了五种味道的食物，不仅是人类饮食的重要调味品，可以促进饮食、帮助消化，也是人体不可缺少的营养物质。

五味调和，有利于健康。中医养生认为，为了健康，各种味道的食物都应该均衡进食。但人不能完全靠指标活着，首先要靠感觉活着。想吃的东西就吃。

五味失和而影响机体健康。多食咸，则脉凝位而变色；多食苦，则皮槁而毛拔；多食辛，则筋急而爪枯；多食酸，则肉胝而唇揭；多食甘，则骨痛而发落。

（四）烹调有方

合理的烹调既能使食品的色、香、味俱全，还会增加食欲，有益健康。例如炒菜时要急火快炒，不可长时间炖煮。适当加一点醋，调味且减少维生素C的损失。另外碱容易加速维生素B和维生素C的破坏，煮粥、煮饭、煮豆时皆不要放碱。

中医营养学主张在食物的制作过程中调和食物的阴阳。在助阳食物中，需加入青菜、青笋、白菜根以及瓜类甘润之品，中和或柔缓温阳食物辛燥太过之偏。而在养阴食物中加入干姜、肉桂、花椒、茴香等辛燥的调味品，则可调和或克制养阴品滋腻太过之偏。

烹调中还要注意的一条原则是饭菜宜淡不宜咸。一般来说，每人每天从食物中获得的食盐量为 6g 左右。

二、饮食有节

所谓饮食有节，就是要按照节令，有节律地、有节制地饮食。具体地说，是要吃应季食品，注意饮食的时间和饮食的量。

《黄帝内经》有"饮食有节，度百岁乃去"，而"饮食自倍，脾胃乃伤"之记载。生命早期过度进食，会促进早发育早成熟，而成熟后的过度进食，又可增加许多疾病的发生，如心血管疾病、脂肪肝、肝硬化等，从而危害健康，缩短寿命。适当节制饮食，定时定量，已成为最为简便易行的养生之道。《吕氏春秋·季春纪》说，"食能以时，身必无灾，凡食之道，无饥无饱，是之谓五脏之葆"。

按照节令吃应季食品，就是吃按季节、按节气上市销售的食品，如夏天吃西瓜，冬天吃萝卜。有节制就是控制饮食的量，吃七成饱；凡食之道，无饥无饱，根据自己平时的饭量来决定每餐该吃多少。有节律，即按时吃饭。我国传统的进食方法是一日三餐。若能经常按时进餐，养成良好的饮食习惯，则消化功能健旺，于身体是大有好处的。早饭宜好，午饭宜饱，晚饭宜少。

（一）早饭宜好

人体经过一夜睡眠，得到了充分休息，精神振奋。但胃肠经一夜时间，业已空虚，此时及时进食，体内营养可得到补充，精力方可充沛。所谓早饭宜好，是指早餐的质量，营养价值宜高一些、精一些，便于机体吸收，提供充足的能量。早餐以干、稀搭配进食为最佳。

（二）午饭宜饱

午餐具有承上启下的作用。上午的活动告一段落，下午仍需继续进行，白天能量消耗较大，应当及时得到补充。所谓"饱"是指要保证一定的饮食量，七成饱即可。过饱会加重胃肠负担，影响机体的正常活动和健康。

（三）晚饭要少

晚上接近睡眠，活动量小，故不宜多食。如进食过饱，易使饮食停滞，增加胃肠负担，会引起消化不良，影响睡眠。所以，晚饭进食要少一些。也不可食后即睡，宜小有活动之后入寝。《千金要方·道林养性》说："须知一日之忌，暮无饱食"，"饱食即卧乃生百病"。

三、饮食卫生

俗语云："病从口入"，说明了注意饮食卫生的重要性。饮食卫生强调饮食要新鲜、清洁，以熟食为主。

（一）饮食宜新鲜、清洁

新鲜、清洁的食品，可以补充机体所需的营养，饮食新鲜而不变质，其营养成分很容易被消化、吸收，对人体有益无害。食品清洁可以防止病从口入，避免被细菌或毒素污染的食物进入机体而发病。因此，饮食物要保证新鲜、清洁。《论语·乡党》中就有"鱼馁而肉败不食，色恶不食"，张仲景在《金匮要略》中指出："秽饭、馁肉、臭鱼食之皆伤人"。告诫人们，腐败不洁的食物变质的食物不宜食用，食之有害。新鲜、清洁的食品才是人体所需要的。

正确采购食物应当选择外观好，没有变色、变味，没有泥污、杂质并符合卫生要求的食物；合理储藏防止食物的腐败和发霉，避免污染。夏季致病微生物极易繁殖，食物极易腐败、变质。肠道疾病多有发生。蔬菜、水果、鱼、肉、蛋类等食物含较多的水分，在气候炎热的夏季，在短期内往往会发臭、发酵、发霉。因此，讲究饮食卫生，谨防"病从口入"。

如果食物已发霉变质就不要食用。因为发霉变质食物中含有黄曲霉素，黄曲霉素是强致癌物质，长期摄入含黄曲霉素较多的食物，会发生急慢性中毒，使肝脏出血、纤维变性、坏死，诱发肝癌。此外，家用餐具、家庭案板要经常清毒。采用煮沸消毒或蒸气消毒。消毒前，先将餐具案板洗净，再用碱或热水除去油垢。

（二）宜以熟食为主

大部分食品不宜生吃，需要经过烹调后变成熟食方可食用，其目的在于使食物更容易被机体消化吸收。同时，也使食物在加工变热的过程中，得到清洁消毒，除掉一些致病因素。孔子的"脍不厌细"，是着眼于熟食而言。故饮食以熟食为主是饮食卫生的重要内容之一，肉类尤须煮烂。《千金要方·养性序》说："勿食生肉，伤胃，一切肉唯须煮烂"。

（三）饮食禁忌

有些动、植物对人体有害，应注意仔细辨认。例如海豚、发芽的土豆等，吃入后会发生食物中毒危及生命。汉代医家张仲景在《金匮要略》指出："肉中有朱点者，不可食之"，"六畜自死，皆疫死，则有毒，不可食之"，"诸肉及鱼，若狗不食，鸟不啄者，不可食之"，"生果停留多日，有损处，食之伤人"，"果子落地经宿，虫蚁食之者，人大忌食之"。在饮食卫生中，应予以足够重视。

四、因人择食

大学生处于青春期向成年期的过渡阶段，不仅身体发育需要足够的营养，而且繁重的脑力劳动更需要消耗大量的热能。在素食的基础上，力求荤素搭配，全面膳食。不主张偏食，不提倡过量与废食。

针对大学生的营养特点，应保证足够的粮食和充足的、丰富多样的副食品。大学生应根据自己的体质和食物的性味，合理选择食物。阳虚之人，应选择吃些热性的食物，如羊肉、狗肉、龙眼、大枣、葱、姜、蒜、辣椒等。体胖之人，多有痰湿，故饮食宜清淡，而肥甘油腻之品则不宜多食；体瘦之人，多阴虚内热，故在饮食上宜多吃甘润生津的食品，如鸭肉、蜂蜜、蔬菜、绿豆、西瓜、苦瓜、梨等，而辛辣燥烈之品则不宜多食。

五、因时择食

随四时气候的变化而调节饮食，是饮食养生的原则之一，对于保证机体健康是有很好作用的。元代忽思慧所著的《饮膳正要》一书中说："春气温，宜食麦以凉之；夏气热，宜食菽以寒之，秋气燥，宜食麻以润其燥；冬气寒，宜食黍以热性治其寒"。

有常识的人总是顺着自然规律来保健养生，吃时令蔬菜水果。春天吃春菜如菠菜、韭菜、豆芽等，能帮助养肝。夏天苦瓜，西葫芦等下来了，苦与夏气相和，能营养心气。长夏西瓜上市，甘与长夏气相和，就能清热解暑。秋天梨长成了，能润肺清燥。冬天的核桃，萝卜与冬气相和，养精生髓、补脑子。

（一）春季饮食

春季饮食宜辛甘，用温热性的食物温补人体的阳气，促进肝气的疏泄和阳气生发。春食五谷，具有生命力的五谷种子是我们力量的来源，同时食牛、羊、鸡、鱼、葱、姜、蒜、韭菜、陈皮等食物，使聚集一冬的内热散发出来。在春季膳食调配上，应多选时鲜青绿色蔬菜，如春笋、菠菜、荠菜、芹菜等；忌酸，因为酸性食品不利于人体阳气的生发。

（二）夏季饮食

夏季饮食宜清淡，夏食羹剂，减苦增辛。吃一点辣的食品，最宜的食物是粥，如绿豆粥、赤小豆粥等。忌空腹饮茶叶、夜食生冷。甘味饮食最适合。

（三）秋季饮食

秋食酱剂，秋天减辛增酸。因气候干燥，在饮食的调理上，要注意少用辛燥的食品，如辣椒、生葱等皆要注意，不适合吃火锅、生姜；宜食用梨、苹果、百合、银耳、石榴、萝卜等柔润食物。主张吃白色、凉性的食品。如莲藕、银耳、雪梨、鳖、龟、蟹等。

（四）冬季饮食

冬季是养生的最佳时令，选择温热性的食物，宜食用牛肉、羊肉、狗肉、桂圆等，吃火锅，配合少量的清热食品如白萝卜，通热。

另外选择黑色的食物，宜增苦减咸，适度喝一些温热的黄酒，既可驱寒，又可通经脉。

天赐人五气，地赐人五味，人靠天地来活着。由于食物的五味与五气内容较多，为了便于阐述，故分别单立一节叙述。

第 4 节　食物的五味

五味泛指地上长出的、能吃能喝的东西，是人们能根据自个的喜爱而自行摄取的食物。中医将食物的味道归纳为甘、酸、苦、辛、咸五种，统称"五味"。食物的味道不同，对人体的作用也各有区别。

一、甘："甘味食物人人喜爱"

中医认为，甘入脾。甘味具有温中补虚，长养人体的气血；缓解疼痛；解百药之毒。食甘可补养气血，补充热量，解除疲劳，调胃解毒。甘味有补益、和缓、解痉挛等作用。如山药、蜂蜜、阿胶、红糖、桂圆肉、米面食品等；但甘味太过会导致厌食、恶心，糖尿病，肥胖。

（一）何时吃甜食有利健康？

（1）运动前：人体在运动过程中，付出大量体能，而运动前又不宜饱餐，这时，适量吃些甜食可满足人体运动时所需的一定量的能量供应。

（2）过于疲劳与饥饿时：这时体内热能失去过多，人体虚弱，吃些甜食，其中糖可比一般食物更快地被血液吸收，迅速补充体能。

（3）头晕恶心时：这时饮糖分高的水，可提高血糖增强抗病能力。

（4）呕吐或腹泻时：这时病人肠胃功能紊乱，有脱水症状，如喝一些盐糖水，有利于肠胃功能的恢复。

（二）何时吃甜食不利健康？

有些时候吃甜食对身体不利。如饱餐以后吃甜食最易使体重增加，且过多的糖会刺激胰岛素分泌，易诱发糖尿病。睡前、饭前，将甜食当作每日的常规食品，都可导致牙病、食欲下降和发胖。

（三）两款简易的红糖食疗法

（1）小米红枣粥：煮小米粥时，放十几枚红枣。待粥煮烂，吃的时候，加入红糖。古人认为小米熬粥，上面的浮油可养阴益肾，红枣、红糖补血生血，适合面色萎黄、健忘多梦的年老体弱者服用。

（2）红糖枣茶：红枣加水煮烂，放入红糖，兑入少许红茶（或绿茶）后频频服用。常喝此茶，有补益气血、健脾和胃的作用，尤其适合中老年人服用。枣里面有大量的抗癌物。

二、酸："酸味食物欲罢不能"

中医认为，酸入肝。酸味有开胃消食、收敛（止咳、止汗、止泻、止渴、止痛）等作用。如乌梅、醋、山楂、山萸肉、石榴等；酸味食物有增强消化功能和保护肝脏的作用，常吃不仅可以助消化，杀灭胃肠道内的病菌，还有防感冒、降血压、软化血管之功效。以酸味为主的山楂、西红柿、橙子，均富含维生素 C，可防癌抗衰老，防治动脉硬化。

不宜吃酸味食物的人：消化道溃疡的病人；正在吃解表发汗药的人和正在吃西药抗生素的人。

三、苦："苦味食物不可或缺"

古有良药苦口之说。中医认为，"苦味入心"。苦味有清心泻火、消暑祛湿等作用，如绿茶、苦瓜、莲子心、苦杏仁、橘皮、百合等；

（一）夏季吃苦味最合适

可以制约气候的炎热之性，促进食欲，去火坚阴。如苦瓜，常吃能清火、补血。但苦味太过，会伤人体的阳气。如喝茶多了会伤心阳和肾阳。

苦瓜，又名癞瓜，是葫芦科植物，全国各地均有栽培，是药食两用的食疗佳品。专家认为苦瓜生吃，它的营养成分摄入会更全面。

凉拌苦瓜：苦瓜500克，熟植物油9克，酱油10克，豆瓣酱20克，精盐2克，辣椒丝5克，蒜泥5克。

（二）吃苦药配甜食，药效尽失

医师开的是苦药，就必须苦口咽下去。

（1）药的化学成分比较复杂，糖特别是红糖含有较多铁、钙等元素和杂质，一旦中药中的蛋白质和鞣质等成分与之相合，就会起化学反应，使药液中的一些有效成分凝固变性，继而混浊、沉淀。这不仅影响药效而且危害健康。

（2）有些药必须利用苦味来刺激消化腺的分泌，才能发挥出疗效。若加糖则失去了这种作用，也达不到治疗效果。

（3）糖可以干扰微量元素和维生素的吸收，抑制某些退热药的药效，降解某些药物的有效成分，如马钱子极苦，加糖就会降低药效。

四、辛："辛味食物气味浓烈，刺激性强"

中医认为，辛入肺。辛味食物有刺激食欲、健脾开胃一面，有发散、行气、活血的作用。人们常吃的姜、葱、蒜、酒、辣椒、胡椒，均是以辛为主的食物，这些食物中所含的"辣素"既能保护血管、又可调理气血、疏通经络。

经常食用辛味食品，可预防风寒感冒。生姜具有提味、解腥、去毒的作用，也有发散、治疗风寒表证的功能。体虚之人不宜多食辛。

（一）辣椒是辛辣食品之一，对人体有六大好处

（1）健胃。辣椒对口腔及胃肠有刺激作用，能促进消化液分泌，改善食欲，增强肠胃蠕动，并能抑制肠内异常发酵，防治胃溃疡。据调查我国普遍喜食辣椒的湖南和四川省，胃溃疡的发病率远低于其他省区。

（2）预防胆结石。青椒含有丰富的维生素，尤其是维生素C，可使体内多余的胆固醇转变为胆汁酸，常吃青椒的人能预防胆结石。已患胆结石者多

吃富含维生素 C 的青椒，亦能缓解病情。

（3）改善心脏功能。辣椒、大蒜、山楂和维生素 E 等制成的食物，食用后能改善心脏功能，促进血液循环。常食辣椒还可降低血脂，减少血栓形成，预防心血管系统疾病。

（4）降血糖。辣椒素能显著降低血糖水平。

（5）缓解皮肤疼痛。辣椒素能缓解诸多疾病引起的皮肤疼痛。

（6）辣椒有减肥作用。辣椒含有一种成分，能有效地燃烧体内的脂肪，促进新陈代谢，从而达到减肥的效果。

吃辣椒对人体虽然有不少好处，但应该有度，根据自己的进食能力量力而行。

（二）为避免病情加重，以下几种人要少吃或不吃辣椒

（1）患热性病、溃疡病、慢性胃肠病、痔疮、皮炎、结核、慢性支气管炎及高血压等疾病的人，不宜大量食用辣椒。

（2）瘦人不宜多吃辣椒。从中医角度讲，瘦人多属阴虚体质，常常表现为咽干、口苦、眼部充血、头重脚轻、烦躁易怒，如果多吃辣椒会加重上述症状，且易导致出血、过敏和炎症，严重时还会发生疮痈感染等。

（3）甲亢患者不宜食辣椒。甲亢患者常常处在高度兴奋状态，易心动过速。甲亢患者食用辣椒等强烈刺激性食物后会使心跳加快，加重症状。

（4）肾炎患者不宜食用辣椒。研究证明含刺激性成分的辣椒食品和各种辛辣调味品如葱、姜、蒜等在人体代谢过程中，这些辛辣成分对肾脏实质细胞均有不同程度的刺激作用，严重时会影响到肾脏功能。此外有眼病者尤应注意，不要食辣。

五、咸："咸味食物人人离不开"

咸：为五味之冠，百吃不厌。中医认为"咸入肾"，咸味具有填补肾精（鹿茸、龟板、鳖甲、海马、蛤蚧等），软坚散结（海藻、海带、牡蛎等），活血化瘀（地龙、全蝎、蜈蚣、土元、水蛭等均是临床常用活血药）作用。

咸味有调节人体细胞和血液渗透、保持正常代谢的功效。呕吐、腹泻、大汗之后宜喝适量淡盐水，以保持正常代谢。

从现代医学的角度来说，食盐的过多摄入，会导致水钠大量潴留于体内。水钠的潴留，会加重各个脏器的负担，不仅易于出现血压升高、心力衰退等，

而且会加速人体所有器官、组织的老化。因此，人们进食宜清淡，每日摄入的食盐量应控制在5～6克。

过咸饮食与胃癌"零距离"：过咸食物是胃癌发病的高危因素之一。英国和日本科学家研究发现，爱吃过咸食物的人患胃癌的危险是其他人的2倍。

第5节　食物的五气

食物的五气即食物的五性，是指食物的热、温、平、凉、寒。从历代中医食疗书籍所记载的300多种常用食物分析，平性食物居多；温、热性次之；寒、凉性居后。一般来说，各种性质的食物除具有营养保健功效之外，寒凉性食物属于阴性，有清热、泻火、凉血、解毒等功效；温热性食物属于阳性，有散寒、温经、通络、助阳等功效。

一、植物类食物的寒热属性

(一) 辨颜色：绿色寒，红色热

从颜色来看，暖色的食物大多是温性的，冷色的食物大多是凉性的。绿色植物与地面近距离接近，吸收地面湿气，故而性偏寒，如绿豆、绿色蔬菜等。颜色偏红的植物，如辣椒、胡椒、枣、石榴等，虽与地面接近生长，但果实能吸收较多的是阳光，故而性偏热。

(二) 辨味道：苦酸属寒，甜辛属热

从味道上来看，味甜、味辛的食品，由于接受阳光照射的时间较多，所以性热，如大蒜、石榴等。而那些味苦、味酸的食品，大多偏寒，如苦瓜、苦菜、番茄、梅子、木瓜等。

(三) 辨环境：水生偏寒，陆生偏热

从生长环境来看，水生植物偏寒，如藕、海带、紫菜等。而一些长在陆地中的食物，如花生、土豆、山药、姜等，由于长期埋在土壤中，植物耐干，所含水分较少，故而性热。

(四) 辨季节：冬生寒，夏生热

食物寒热与生长季节有关。在冬天里生长的食物，由于寒气重，性偏寒，如大白菜、香菇、白萝卜等。一些在夏季生长的食物，接收的雨水较多，故

而也性寒，如西瓜、黄瓜、梨、柚子等，综合来说，夏天成熟的很大部分食物都性偏热。

（五）辨位置：朝北偏寒，朝南偏热

从生长的地理位置来看，背阴朝北的食物吸收的湿气重，很少见到阳光，故而性偏寒，比如蘑菇、木耳等。而一些生长在高空中的食物，或东南方向的食物，比如向日葵、栗子等，由于接受光热比较充足，故而性偏热。

二、肉类食物的寒热属性

判断肉类的寒热属性有一个很简单的方法：《黄帝内经》的一句话，叫作"阴静阳躁"。即凡是属于阴的事物都是偏于静止的，属于阳的都是偏于躁动的，属阴的食物就是凉性的，属阳的食物就是热性的。"热燥凉静"，躁动不安的都是热的，静止的都是凉的。

（一）地上跑的动物

动物 80% 属于热性的。我们常吃的肉类中，陆地上跑的动物，它们的肉基本上都是热性的，比如牛肉、羊肉、鸡肉、狗肉、鹿肉等，而且跑得越快的动物，热性就越大，狗肉肯定比羊肉热，羊肉肯定比牛肉热。陆地上的动物中猪肉是凉性的。因为猪比较喜欢趴着不动。

（二）天上飞的动物

飞禽肉类是热性的，其肉类的热性比陆地上跑的牛羊肉都高，山珍都是大热之性。

（三）水里游的动物

海洋生物 80% 都是寒性的，只有很少数是热性的。在水中始终不停游动的鱼、虾肉类都是热性的，而且要比飞禽肉类还要热。水里不爱动、动得少的——蛤蜊、海螺、生蚝、螃蟹、龟、鳖、海参——这些动物的肉基本上是凉性的。炖乌龟的时候一定要加姜、酒这些温热的佐料，否则的话人吃了会受不了。

中医有"寒者热之，热者寒之，虚则补之，实则泻之"的原则，大学生知道各种食物的性味后，就可以依照中医这一原则合理选择食物。为了保护脾胃健康，寒凉的食物不可多吃。性凉水果包括西瓜、柑橘、火龙果、阳桃、山竹、枇杷、猕猴桃、柚子。性凉菜肴包括鳖、鸭、虎纹蛙、田螺、螃蟹、绿豆、苦瓜、银耳、海带、莴苣、萝卜、冬瓜。

本章参考文献：

[1] 赵霖．饮食是你首选的医疗方式 [J]．鹭江出版社，2009

[2] 贺娟．黄帝内经——饮食与养生 [M]．北京：中国轻工业出版社，2012

[3] 樊正伦．养生的智慧 [M]．北京：中国城市出版社，2008

第 5 章　体质养生

在中医理论的指导下，根据不同的体质采用相应的养生方法和措施，纠正其体质上之偏达到防病延年的目的，叫体质养生。

体质养生具有相对独立的范围，其内容较多故单立一章进行阐述。

第 1 节　体质差异形成的原因

一、什么是体质？

体质是在人的生命过程中，在先天禀赋和后天获得的基础上，逐渐形成在形态结构、生理机能、物质代谢和心理方面综合的、固有的一些特质。体质反映了机体内阴阳运动形式的特殊性，这种特殊性以气血为基础，由脏腑盛衰所决定。

体质就是我们通常所说的在人类群体中普遍存在的个体差异。在人的生命过程中，其生长发育和衰老过程中逐渐形成的与自然、社会环境相适应的形态、心理及生理功能上相对稳定的特征。

由于我们的性别、年龄、性格、生活环境等不同，所以我们每个人的体质都是不同的，即所谓的有的人体质好，有的人体质弱。

从形态上来看，有的人短小精悍，有的人则高大威猛；有的人娇小玲珑，有的人则五大三粗；女性的体态更是环肥燕瘦，各有不同。

从性格心理方面来看，有的人反应敏感，有的人则反应迟钝；有的人心胸宽广，有的人则心胸狭隘；有的人开朗外向，有的人则沉静内秀。

我们每个人的生命都源于父母，生存于环境和自我耕耘所形成的土壤上，所以不同的环境带给我们不同的生命体验。

关注健康、呵护生命、养生保健，必须先关注、了解自己的体质。体质决定了我们的健康，决定了对疾病的易感性，也决定了得病后对治疗的反应和预后转归。关爱体质、调整体质，可以减少易发某类疾病的倾向，可以预防疾病的发生，可以治未病。

二、体质怎样形成的？

先天禀赋——来自父母，为体质形成的第一个因素（遗传因素、胎育因素），后天因素——决定体质的发展与差异性。

结论：先天禀赋决定了体质的相对稳定性，但后天调养又使得体质不是一成不变的。体质作为一种生命现象，包含形、神两大部分。

形主要指人体的形态结构，是人体的有形部分，如皮肤、毛发、肌肉、骨骼、血脉、五官、五脏等。

神则包括功能活动、物质代谢过程、性格心理精神，譬如人的心跳，呼吸，睡眠，食物在体内的消化、吸收、利用、排泄，性格特点，情绪反应，精神活动等。形神相合则生命诞生，形神和谐则健康，形神不和则生疾病，形神分离即死亡。

三、影响体质的因素

（一）环境因素

居住在不同的地理环境，受不同气候类型、水土性质和生活条件的影响，于是形成了不同地区人的体质。

（二）先天因素

遗传是由染色体传给后代的，父母的肥瘦、强弱以及性格的类型可以通过染色体遗传给后代，使后代出现相应的体型与性格。体质是从先天禀赋而来，所以形体始于父母，父母的体质特征往往能对后代产生一定的影响。

（三）性别因素

中医认为男子体质与女子不同。男子以气为重，女子则以血为先，女子有经、带、胎、产的特点。

（四）年龄因素

俗话云："一岁年纪一岁人"。人体的结构、机能和代谢水平是随着年龄而发生改变的，体质亦随着年龄的增长而发生变化。老年人由于体质弱，所以容易发病。

体质的生理特点：

（1）小儿体质特点：在儿科体质理论中，主要存在着"纯阳之体"和"稚阴稚阳"两种观点。纯阳之说，小儿为"纯阳之体"，起源于我国的道家。清代吴鞠通提出小儿为"稚阴稚阳之体"，说明小儿体质除生机蓬勃，发育迅速之外，还存在脏腑娇嫩，形气未充的一面。小儿五脏"三不足两有余"（脾常不足、肺脏娇嫩、肾常亏虚；肝常有余、心火有余）。

（2）青年体质特点：肾气旺盛，机体发育渐趋成熟。

（3）中年体质特点：脏腑功能减退，阴阳气血失调。

（4）更年期体质特点：全身各系统的功能衰退，生理活动转向低谷。

（5）老年体质特点：精血亏虚，气血运行不畅。

（五）精神因素

《素问·疏五过论》曰："暴乐暴苦，始乐后苦，皆伤精气，精气竭绝形体毁沮。"强烈的精神刺激会直接损伤人的机体结构，使健康体质的基础发生了动摇。

现代医学已证实，精神心理因素能影响人的机体免疫状态，临床上有一些病人自知患癌症后，其精神萎靡而加速了死亡。

（六）饮食因素

《素问·平人气象论》曰："人以水谷为本"，水谷是人体不断生长发育的物质基础。但饮食不当，会引起人体发病。《素问·至真要大论》指出："久而增气，物化之常也，气增而久，夭之由也。"虽然食物本身不能致病，但一旦它们因为数量的积蓄，改变了机体的适应能力而激发反应力的时候，可改变机体生理效能或诱发疾病，进而发生体质的改变，甚至危及生命。

体质形成的差异还与体育锻炼、社会因素有关。毛泽东题词："发展体育运动，增强人民体质"，充分体现了体育锻炼对体质健康的重要性。人们所处的社会地位不同，情志、劳逸也会各不相同。

第 2 节　体质的分类

一、中医体质分类

中医体质分类是以临床所见的形体、症状、脉象、面色等特征为依据，以临床功能变化为主，结合形体与代谢特征进行分类。

亿万苍生，人有 9 种。北京中医药大学王琦教授经过多年的研究，将中国人的体质分为 9 种类型，即平和体质、阳虚体质、阴虚体质、痰湿体质、湿热体质、气郁体质、血瘀体质、气虚体质和特禀体质。

二、辨识体质

中医自古就重视辨体识病：

（一）望诊

观察病人形体、面色、舌体、舌苔，根据形色变化确定病位、病性。

（1）看形体：体胖多实（痰湿），体瘦则多虚。

（2）看面色：暗多瘀血，白则多虚。

（3）看神气：静多偏虚，喋喋不休多内热。

（4）看眼睛：无神则虚，浑浊多湿。

（5）看舌象：舌苔红多热，舌苔厚则湿。

（二）闻诊

包括听声音和嗅气味两方面。

听声音：语音低微，多中气不足。闻味道：异味较大，非热即湿。口臭为热，汗臭为湿。经常内热、有积滞的人有口气，痰湿、湿热、阴虚体质的人易出现口气。经常汗味、体味特别大，是痰湿或湿热。

（三）问诊

询问病人及其家人，了解现有证象及其病史，为辩证提供依据。

（1）问寒热：阳虚外寒，阴虚内热。

（2）问二便：便溏脾虚，尿黄多热。

（3）问汗液：自汗多气虚，盗汗多阴虚。

（4）问经带：痛经多瘀，带黄湿热。

（四）切诊

切脉又称诊脉，是医者用手指按其腕后桡动脉搏动处，借以观察脉象变化，辨别脏腑功能盛衰、气血津精虚滞的一种方法。虚脉多气虚，滑脉多痰饮。

第 3 节　体质的特征

体质作为一种生命现象，体质养生就是顺应体质的稳定性，优化体质的特点，改善体质不好的变化和明显的偏颇。只有了解自身的体质，才可以和自己的身体对话。呵护体质，我们才会有一个良好的生命体验，才能走过健康幸福的一生。

体质美容：是将中医体质学与美学相结合，来研究医学人体美，改善与塑造人的形神美，让美由内而外散发。女性美容一定要有六通：即月经通、大便通、水道通、谷道通、血脉通、情绪通。

一、平和体质的特征

平和体质（如图 5-1 所示）是一种理想体质。机能协调，七情适度。

（1）平和体质的人体形匀称健壮；面色、肤色润泽，头发稠密有光泽，目光有神，鼻色明润，嗅觉通利，唇色红润，不易疲劳，精力充沛，耐受寒热，睡眠良好，胃口好，二便正常，舌色淡红，苔薄白，脉平。

平和体质是一种身体和谐、自稳能力强的体质。

图 5-1　平和体质

（2）常常表现为：情绪稳定，性格随和开朗，生活规律，对气候变化、自然环境及社会环境的适应能力较强，平素患病较少，即使患病，因自我康复能力强，对治疗的反应也敏感，痊愈快。

（3）形成原因：平和体质是在先天禀赋良好的基础上，后天各种调养得当形成的。良好的心态、生活的境界、积极的生活态度和和谐的人际关系。

二、阳虚体质的特征

阳虚体质的人（如图 5-2 所示）夏天吹不得空调。火力不足，畏寒怕冷。

（1）阳虚体质的人多形体白胖，肌肉不健壮，平素畏冷，手足不温，常感手脚发凉，"手冷过肘，足冷过膝"，衣服比别人穿得多。喜安静，性格多沉静、内向。喜热饮食，精神不振，睡眠偏多；面色柔白，目胞晦暗，口唇色淡，毛发易落，易出汗，大便溏薄，小便清长。舌淡胖嫩边有齿痕，苔润，脉象沉迟而弱。整日精神不振、消沉，耐春夏不耐秋冬，易感风寒湿邪。

图 5-2 阳虚体质

（2）常常表现为：畏寒怕冷，手足不温。易患脾胃虚寒症；女性生殖系统疾病（月经推后，不育不孕）；男性性功能衰退；腰膝酸痛、不适或发冷；面色青黑、出现色斑、褐斑；失眠烦躁；背部发凉；过敏性鼻炎、哮喘；神经性头痛；心脏疾病等。

（3）形成原因：①遗传、受孕时父母体弱；②母亲年长受孕，怀孕嗜食寒凉；③早产；④过食冷饮、海鲜；⑤嗜食水果、蔬菜；⑥习惯性地喝绿茶；⑦滥用抗生素；⑧晨起一杯凉白开；⑨女孩子冬天衣服过薄、过少；⑩夏季贪吹空调；熬夜太多。

（4）阳虚体质的测试，以下内容有 4～5 个符合即为阳虚体质。

①你的手脚发冷吗？②你的胃部、背部或腰膝部怕冷吗？③你的衣服穿得比别人多吗？④你喜欢夏天讨厌冬天吗？⑤你比别人容易感冒吗？⑥你吃凉东西会拉肚子吗？⑦你的小肚子一吹风马上会不舒服吗？

三、阴虚体质的特征

阴虚体质的人（如图 5-3 所示）皮肤干燥总想喝水。五心烦热，口干咽燥。

（1）阴虚体质的人体形多偏瘦。体内缺水、面色潮红、有烘热感，常感眼睛干涩、视物花，多喜冷饮，唇红微干，皮肤干燥，易生皱纹。舌红少苔，

图-3　阴虚体质

或无苔，脉细弦。性情急躁，性格多外向好动，耐冬不耐夏，不耐受暑、热、燥邪。

（2）常常表现为：常内热上火，心烦易怒，手足心热；或心悸健忘、失眠多梦；或腰酸背痛、眩晕耳鸣、男子遗精、女子月经量少、小便短涩、大便干燥、习惯性便秘。易患干燥综合征，极易感受热邪而常咽喉疼痛、失眠、烦躁等病症。

（3）形成原因：①先天的遗传（母亲吃热性食物多了）；②女性更年期阶段，情志化火；③发热性疾病（肺结核）；④男性纵欲耗精；⑤平时过食辛辣食物。

（4）阴虚体质的测试，以下内容有 4～5 个符合即为阴虚体质。

①你感到身上脸上发热吗？②你的手心容易出汗吗？③你的皮肤或口唇干吗？④你喜欢冬天，讨厌夏天吗？⑤你便秘或大便干燥吗？⑥你感到眼睛干涩吗？⑦你感到口干咽燥、总想喝水吗？

四、痰湿体质的特征

痰湿体质的人（如图 5-4 所示）形体肥胖大腹便便。怠情沉重，容易发胖。

（1）痰湿体质的人腹部肥满松软；面部皮肤油脂较多，多汗且粘，胸闷，痰多。面色淡黄而暗，眼胞微浮，容易困倦，平素舌体胖大，舌苔白腻，口粘腻或甜，身重不爽，喜食肥甘甜粘，大便正常或不实，小便不多或微混。性格温和，善于忍耐，但对梅雨季节及潮湿环境适应能力较差。

图 5-4　痰湿体质

（2）常常表现为：面部皮肤油脂较多，汗多且发黏，口中粘腻或有甜味，喜食甜粘或油腻之品，神倦乏力、懒动、思睡，身重如裹，或胸闷，痰多，四肢浮肿，大便不成形。易患糖尿病、脑中风、冠心病、痛风症和多囊卵巢综合征，易出现脱发。

（3）形成原因：①遗传因素；②缺乏运动；③长期熬夜形成；④过食肥甘、口味偏咸；⑤年轻时吃多了冰冻寒凉食物。

脾是生痰之源，它的源头是在脾胃。脾胃功能本来蛮好的，你太贪吃了，太贪凉了，太爱熬夜了。脾胃越不喜欢什么，你越给他强加什么。中医认为："肾为先天之本，脾为后天之本"。"百病皆由脾胃衰而生"。

（4）痰湿体质的测试，以下内容有4～5个符合即为痰湿体质。

①你感到胸部发闷或腹部涨满吗？②你感到身体不轻松或不爽快吗？③你的腹部肥满松软吗？④你额头油脂分泌多吗？⑤你的上眼睑比别人肿吗？⑥你嘴里有黏黏的感觉吗？⑦你平时痰多、咽部老觉得有痰堵吗？

五、湿热体质的特征

湿热体质的人（如图5-5所示）满脸粉刺还有口臭。又湿又热，排泄不畅。

（1）湿热体质的人比较影响外形。形体中等或偏瘦，面垢油光，易生痤疮，皮肤易瘙痒。脾气较急躁。心烦懈怠，眼睛红赤。对夏末秋初湿热气候较难适应。

（2）常常表现为：口苦口臭，身重困倦，腰酸背痛；大便黏滞不畅或干结，小

图5-5 湿热体质

便赤黄，男性易阴囊潮湿，女性易白带增多，舌质偏红，舌苔黄腻。易生肝胆湿热症，皮肤湿疹，女性生殖系统疾病（阴道炎、宫颈炎等），男性前列腺炎。

（3）形成原因：①先天遗传（母亲是湿热体质、孕期喝酒）；②长期饮酒；③过食肥甘厚味（冬季不要进补如吃狗肉、羊肉等）；④长期在湿热环境下生活。

湿热体质是一种过渡性的体质，主要青壮年易得，到了老年易生阴虚、阳虚或气虚体质。青春痘的永不凋谢，困扰了无数的少男少女。

（4）湿热体质的测试，以下内容有4～5个符合即为湿热体质。

①你的鼻部油腻或油光发亮吗？②你易生痤疮或疖疮吗？③你经常感到口苦或嘴里有异味吗？④你的皮肤容易瘙痒吗？⑤你的大便黏滞、有解不尽的问题吗？⑥你小便时尿道有发热感、尿色浓吗？

六、气郁体质的特征

气郁体质的人（如图5-6所示）闷闷不乐无故叹气。气机不顺，情绪郁闷。

（1）气郁体质的人体形偏瘦，情绪低沉，常有胸闷，易失眠。舌淡红，苔薄白，脉象弦细。性格内向，敏感多虑，对精神刺激适应能力较差，每遇阴雨天情绪格外低落。

（2）常常表现为：神情抑郁，情感脆弱，烦闷不乐，急躁易怒，胸闷不舒，乳房小、腹胀痛，月经不调等。易患抑郁症，躯体感觉障碍（脏躁），神经症（强迫症、洁癖、梅核气），女性月经紊乱，男性生殖系统障碍，肿瘤疾病（消化道肿瘤）等。

图5-6 气郁体质

（3）形成原因：①遗传（父母的忧郁不欢，导致儿女的多愁善感）；②频繁的精神刺激（父母离异、幼时受过大打击）；③所欲不遂（要求达不到满足）。气郁体质的人群中患抑郁症的概率有50%。

（4）气郁体质的测试，以下内容有4～5个符合即为气郁体质。

①你常常感到闷闷不乐情绪低沉吗？②你容易情绪紧张或焦虑不安吗？③你多愁善感、情感脆弱吗？④你容易感到害怕或受到惊吓吗？⑤你的肋部或乳房胀痛吗？⑥你无缘无故爱叹气吗？⑦你的咽部有异物感吗？

图5-7 血瘀体质

七、血瘀体质的特征

血瘀体质的人（如图5-7所示）皮肤粗糙牙龈出血。面色晦暗，易生肿瘤。

（1）血瘀体质的人容易出现瘀斑，或身体某部刺痛，固定不移，或有包块，推之不动，舌质有瘀斑或瘀点，脉细涩。胖瘦均见，肤色晦暗、面部色素沉着，且不耐受寒冷气候。

（2）常常表现为：面部长斑、肌肤干燥，头发易脱落，女性月经失常，烦躁，口唇色暗，

眼圈暗黑，舌质紫暗或有瘀点。易患肌肤甲错，女性崩漏，痛经，肿瘤，脑中风等疾病。

（3）形成原因：①家族遗传；②女性产后未用活血化瘀药；③其他体质转化：气郁体质容易发展成血瘀体质；阳虚体质转化为血瘀体质，阳虚寒凝，血运失温。

（4）血瘀体质的测试，以下内容有4～5个符合即为血瘀体质。

①你的皮肤会不知不觉出现瘀青吗？②你的两颧部有细微红丝吗？③你身体上有哪些部位疼痛吗？④你的面色晦暗或容易出现褐斑吗？⑤你容易有黑眼圈吗？⑥你容易忘事吗？⑦你的口唇颜色偏暗吗？

八、气虚体质的特征

气虚体质的人（如图5-8所示）常常气力不足，容易外感。一动就气喘吁吁。

（1）气虚体质的人形体消瘦或偏胖，面色苍暗或萎黄，平素容易激动。性情急躁易怒，或胸闷不舒，忧郁寡欢，时时都要叹息出长气。发病时则胸胁胀痛或窜痛；或咽中梗阻，如有异物；或气上冲逆，头痛眩晕；或乳房小腹胀痛，月经不调，痛经；或腹痛肠鸣，大便泄利不爽，舌淡红苔白，脉弦。这种体质的人肌肉松软不实，性格内向，不喜冒险。对外界环境适应能力较差，不耐受风、寒、暑、湿邪，极易患感冒及内脏下垂等，病后康复较慢。

（2）常常表现为：精神不振，语音低弱，气短懒言，容易疲乏、出汗，舌淡红，脉虚弱。易患疾病：反复感冒，内脏下垂，低血压症，女性崩漏。

（3）形成原因：①父母的遗传；②母亲妊娠反应比较重；③早产儿；④孩子出生后喂养不当；⑤先天营养的不足，偏食厌食；⑥大病未愈，年老体衰者；⑦长期过度用脑，重体力劳动者，职业运动员，减肥节食者。

（4）气虚体质的测试，以下内容有4～5个符合即为气虚体质。

图5-8　气虚体质

①你容易疲劳吗？②你容易气短心慌吗？③你容易头晕或站起来时晕眩吗？④你比别人容易感冒吗？⑤你喜欢安静、懒得说话吗？⑥你说话的声音低弱无力吗？⑦你的活动量稍大就容易出虚汗吗？

九、特禀体质的特征

特禀体质的人（如图 5-9 所示）总是发生过敏，为生理缺陷。

(1) 特禀体质的人是一类体质特殊的人群，多指由于先天性和遗传因素造成的一种体质缺陷。其中过敏体质的人易对药物、食物、气味、花粉、季节过敏。这种体质的人以生理缺陷，先天失常，过敏反应为主要特征。易出现花粉、食物过敏。

(2) 常常表现为：哮喘、咽痒、鼻塞、喷嚏、荨麻疹等；遗传性疾病如血友病、先天愚型等；胎传性疾病如五迟（立迟、行迟、发迟、齿迟和语迟）、五软（头软、项软、手足软、肌肉软、口软）等。

图 5-8 特禀体质

(3) 形成原因：多是遗传所致。比如花粉过敏或者某种食物过敏；通常容易发生过敏反应的食物也要尽量避免，比如蚕豆、白扁豆、牛肉、鹅肉、鲤鱼、虾、蟹、茄子、酒、辣椒、浓茶、咖啡等辛辣之品、腥膻发物及含致敏物质的食物。春季尽量减少室外活动时间，因为这个时候花粉比较多，容易引发过敏。

(4) 特禀体质的测试，以下内容有 4～5 个符合即为特禀体质。

①你容易过敏（对花粉、食材、药物）吗？②你有因季节变化、异味等原因咳嗽吗？③你的皮肤一抓就红、并出现抓痕吗？④你没有感冒也会打喷嚏吗？⑤你没有感冒也会鼻塞、流鼻涕吗？⑥你的皮肤容易出荨麻疹吗？⑦你的皮肤因为过敏出现过紫癜吗？

在九种体质中，只有平和体质是健康的，其他体质都是偏颇的；如果你的体质出现偏颇了，就会感到身体明显的不适。由此可见体质类型决定健康状况，因此养生要体现个体差异，因人而异，做到有的放矢。

十、体质和健康的关系非常密切，体质的变化决定健康的变化

（一）不同体质的人，对不同的疾病具有易感性。

（1）痰湿体质的人易出现肥胖、高脂血症、高血压、心脑血管等疾病。

（2）气虚体质的人易出现感冒、低血压、内脏下垂等病症。

（3）阳虚体质的人出现畏寒怕冷、容易感受寒邪而形成泄泻、各种痹证等。

（4）阴虚体质的人常内热上火，容易感受热邪而见咽喉疼痛、烦躁、失眠等病症。

（5）血瘀体质的人易患肿瘤及各种痛症。

（6）气郁体质的人易情绪低落、郁郁不乐。

（二）饮食不当易出现体质偏颇。

（1）营养过剩，身体发胖气虚，促生痰湿体质。

（2）营养不足则促生气虚或阳虚体质。

（3）饮食过咸会促生阳虚、痰湿、血瘀体质。

（4）长期吃辣会加重湿热和阴虚体质。

（5）常食寒凉则促生阳虚或血瘀体质。

（6）常吃夜宵会促生痰湿体质。

（7）不吃早餐会促生气郁或痰湿体质。

（8）食速过快会加重气虚或痰湿体质。

（三）生活起居不当容易出现体质偏颇

（1）常用电脑会加重体质偏颇。

（2）常用空调易生痰湿体质。

（3）身体过逸容易加重痰湿、湿热、气郁、血瘀等郁滞性体质。

（4）身体过劳、过神促生为气虚体质。

（5）房劳过度会促生为阳虚体质。

人类的身体是一个极其精妙和复杂的系统，对于任何细微的变化身体均能做出相应的反应，只是这种变化的复杂和精微程度远远胜过世界上任何一种高精尖的仪器。

体质偏颇，警钟长鸣。你需要对偏颇体质进行适当的中医调理！不同体质的人要采用不同的养生方法和措施，只有这样才能达到防病延年的目的。

第 4 节　体质的分类调理

体质的分类调理主要从以下几方面进行。

（1）精神调摄：精神调摄是指通过参加娱乐等有益的活动（如图 5-10 所示），摒除有害的情绪，以保持乐观开朗的最佳状态。

图 5-10　娱乐活动

（2）环境调摄：环境调摄即通过改善住宅、工作或学习的居住生活环境来调（如图 5-11 所示）和体质平衡。

图 5-11　居住环境

（3）运动处方：运动是维持和促进人体健康的基本因素，运动锻炼可增强机体功能。适当的运动锻炼（如图 5-12 所示），可以达到增强体质和改善调整偏颇体质的目的。

（4）生活指导：即通过对你日常生活（如图 5-13 所示）中起居习惯的指导，来顺应四时阴阳，劳逸结合，选择有针对性的运动锻炼项目等，逐渐改善体质。

图 5-12　有氧活动

图 5-13　日常生活

（5）饮食建议：是指遵循一定的原则和法度，辨证摄食，根据个体体质、生活环境与习惯，以及四时阴阳的更迭等具体情况，灵活选择适宜的药食（如图 5-14 所示），以达到养生和保健的目的。

图 5-14　食物

（6）药膳调补：即通过食用有针对性的药膳（如图 5-15 所示），来改善体质。药物养生是以药物为辅助作用，强壮身体、益寿延年。从各个不同方面，对机体进行全面调理保养，使机体内外协调，适应自然变化，增强抗病能力，避免出现失调、偏颇，达到人与自然、体内脏腑气血阴阳的平衡统一，便是综合调养。

图 5-15　山药薏米红枣粥

一、平和体质的调理方法

平和体质的人可以适度体育锻炼，劳逸结合；起居应顺应四时阴阳；保持清净立志、开朗乐观、心理平衡。防止体质偏颇。

（一）精神调摄

平和体质的人，由于其脏腑阴阳气血趋于均衡稳定，一般表现为精神愉悦，乐观开朗。平时注重调养，防止体质偏颇。

（二）饮食建议

平和质者日常养生食物宜多样化，不偏食，不过饥过饱及偏寒偏热；多吃五谷杂粮、蔬菜瓜果，少食过于油腻及辛辣之物。

（三）药膳调补

茯苓大枣山药粥

原料：茯苓 20 克，大枣 10 克，山药 20 克，粳米 50 克，枸杞少许，红糖适量。

做法：大枣去核，与茯苓、山药、粳米、枸杞同煮成粥，加适量红糖调味即可。

功效：健运脾胃，渗湿止泻。

（四）运动处方

适度体育锻炼即可。运动上，年轻人可选择一些强度大的运动比如跑步、打球，老年人则适当散步、打太极拳。

（五）生活指导

起居顺应四时阴阳，劳逸结合。平和体质的人不需药物调养。

二、阳虚体质的调养方法

（一）精神调摄

阳虚体质人的性格多沉静内向，善恐或善悲，常常情绪不佳，易于低沉。如肝阳虚者善恐、心阳虚者善悲。

养生应调节自己的情感，阳虚质者和喜怒，防惊恐，去忧悲。消除不良情绪的影响，保持轻松愉悦的心情。要宽宏大量，善于自我排遣或与人倾诉，愉悦和改变自己的心境。多听音乐，多交朋友。舒展心胸，开阔胸怀，做到人的心比天空和大海都要宽广。

（二）饮食建议

中医认为"肾阳为一身阳气之本"，故阳虚体质的人适宜多吃一些温阳壮阳的食物。如多食羊肉、狗肉、鹿肉、鸡肉、核桃、栗子、韭菜，少吃西瓜等生冷食物。生姜和红枣煮汤，韭菜炒核桃常吃。

（三）药膳调补

中药可选用补阳祛寒、温补肝肾之品，如鹿茸、海狗肾、蛤蚧、冬虫夏草、巴戟天、仙茅、肉苁蓉、补骨脂、杜仲、人参等。中成药可选用金匮肾气丸；心阳虚，宜选桂枝甘草汤加肉桂常服；脾阳虚者宜选理中丸或附子理中丸。脾肾两虚者可用济生肾气丸。

1. 当归生姜羊肉汤

原料：瘦羊肉300克、当归30克、生姜50克。

做法：将羊肉洗净，除去筋膜，切成小块。生姜切成薄片，当归洗净，纱布松松地包住捆扎好，一并放在锅里。加水后先用大火煮开，再用小火煨两小时左右即可。服用前可以适当加一点盐和其他调料，吃肉喝汤。

功效：温补阳气。

2. 羊肉羹

原料：瘦羊肉80克

做法：取煮熟的瘦羊肉，用刀背砍成泥状，置碗中，注入 60 毫升羊肉汤，放少许鲜姜汁、蒜泥、料酒、味精、盐、淀粉，拌匀后置笼上蒸 45 分钟，热食。

功效：温补阳气。

（四）运动处方

阳虚体质之人，要加强体育锻炼，春夏秋冬，坚持不懈，每天进行 1～2 次。选择暖和的天气进行户外运动锻炼，不适宜在阴冷的天气或潮湿的环境锻炼身体，如水中游泳易受寒湿，一般不适宜。

运动量不能过大，尤其注意不可大量出汗，以防汗出伤阳。宜做舒缓柔和，如散步、慢跑、太极拳、五禽戏、八段锦等运动。

（五）生活指导

阳虚体质的人耐春夏不耐秋冬，秋冬季节要适当暖衣温食以养护阳气，尤其要注意腰部和下肢保暖；冬天避免在大风、大雪及空气污染的环境中锻炼。夏季暑热多汗，也易导致阳气外泄，使阳气虚于内，要尽量避免强力劳作，大汗伤阳；不可贪凉饮冷，夏不露宿室外，眠不直吹电扇及空调。

在阳光充足的情况下适当进行户外活动，在春夏季多晒太阳，晒头顶的百会穴，每次不少于 15～20 分钟，这样可大大提高冬季的耐寒能力。晚上用 40℃的温水泡脚 20 分钟。经络养生—用桃木按摩敲打督脉。不可在阴暗潮湿寒冷的环境下长期工作和生活。

三、阴虚体质的调理方法

（一）精神调摄

阴虚体质的人性情急躁，常常心烦易怒。应遵循"恬淡虚无、精神内守"的养生法。加强自我涵养，常读可以提升个人修养的书籍。在生活和工作中，对非原则性问题，少与人争，以减少激怒，少参加争胜负的文娱活动。

通过静心使心宁静下来，可以旅游寄情山水，陶冶情操；吸收从容之气，清凉之气。多听一些曲调舒缓、轻柔、抒情的音乐。

（二）饮食建议

中医认为"肾阴为一身阴气之本"，故阴虚体质者应该以滋阴潜阳法调理，多食一些滋补肾阴的食物。饮食宜多食芝麻、糯米、蜂蜜、乳品、豆腐、甘蔗、梨、百合、银耳、木瓜、龟、鳖、鸭肉等清淡食物，喝沙参粥、百合粥、枸杞粥、桑葚粥、山药粥。少吃葱、姜、蒜、辣椒等辛辣燥烈之品。

（三）药膳调补

沙参玉竹炖猪心

原料：猪心1个，沙参，玉竹各20克，红枣8粒，盐适量。

做法：（1）猪心挤出血水，洗净，氽烫备用，药材冲洗干净，红枣泡软。

（2）炖盅内加水，将全部材料放入，煮开后改小火炖煮约1小时，加盐调味即可。

功效：滋阴宁心。

中药可选用滋阴清热、滋补肝肾之品，如山茱萸、五味子、黄精、玉竹、女贞子、旱莲草、天门冬、麦门冬、枸杞子等。中成药可选用六味地黄丸、大补阴丸。肺阴虚，宜服百合固金汤。心阴虚，宜服天王补心丸。脾阴虚，宜服慎柔养真汤。肾阴虚，宜服六味丸；肝阴虚，宜服一贯煎。

（四）运动处方

阴虚体质的人因为体内津液精血等阴液亏少，运动时经常容易面色潮红、口渴干燥。因此只能适合做中小强度，动静结合的运动，着重调养肝肾功能，可以选择八段锦，太极拳、"六字诀"中的嘘字功，以涵养肝气。并且锻炼时控制出汗量，及时补充水分。不要进行大运动量、大强度的锻炼，以免出汗过多，损伤阴液。

（五）生活指导

阴虚之质，由于阴不制阳而阳气易亢。阴虚质者生活要规律，应保证充足的睡眠时间，以藏养阴气。所以阴虚体质的人夏应避暑，冬要养阴，居室应保持安静；少蒸桑拿、泡温泉出汗，并注意节制性生活。

应尽量避免熬夜、紧张工作、剧烈运动、高温酷暑的工作生活环境等，防止阴虚倾向的加重。"秋冬养阴"对阴虚体质之人更为重要，到了秋季，更易伤阴。如果有条件，每逢春夏季，到山区、林区、海边去旅游，休假。住房最好选择居室环境安静，坐北朝南的房子。

四、痰湿体质的调理方法

（一）精神调摄

痰湿体质之人多稳重恭谦、性格偏温和，多善于忍耐。痰湿体质的人要培养兴趣爱好，适当增加社会活动，丰富知识，开阔眼界。多听轻松的音乐，以动养神。合理安排度假、休闲活动，以调畅气机，舒畅情志，从而改善体质增进健康。

（二）饮食建议

既要科学合理摄取饮食，又要充分注意饮食禁忌。

痰湿质者在饮食上，控制食量、勿过饱，不要暴饮暴食，吃饭速度不要过快，要少吃盐，特别不要吃夜宵，必须吃早餐。

饮食要少食肥甘厚味之品，少喝酒，多食健脾利湿、化痰祛湿的清淡食物，如荷叶、白萝卜、薏米、冬瓜、白芥子、洋葱、干姜、肉桂、海带、陈皮等。

生姜非常适合痰湿体质的人，能散湿，暖脾胃，促进发汗。最适合女性夏天来饮用，用法：泡茶，姜配红糖、枣，煮几分钟，夏天坚持喝一段时间，情绪稳定，耐热强，肤色好。一般人可以用三四片姜，痰湿体质明显的可以放七片姜，如果你是痰湿体质，又不是太胖，你就放三四片就可以了。女性如果月经不是很好，来的时候瘀血块很多，多放点红糖，这样效果非常好。

（三）药膳调补

中药可选用温燥化湿之品，如半夏、茯苓、泽泻、瓜蒌、白术、车前子等；另外荷叶山楂茶、山药冬瓜汤、薏米扁豆粥也是具有祛痰化湿之品。

痰湿之生与肺脾肾三脏关系密切，重点在于调补肺脾肾三脏。若肺失宣降，津失输布，液聚生痰者，可宣肺化痰，选用二陈汤；若因脾不健运，湿聚成痰者，应健脾化痰，选六君子汤或香砂六君子汤；若肾不温化，可选苓桂术甘汤。若肾虚不能制水，水泛为痰者，当温阳化痰，方选金匮肾气丸。

生姜枇杷叶粥

原料：生姜 10 克，蜜炙枇杷叶 6 克，粳米 100 克。

做法：枇杷叶用纱布包裹，加水烧煮去渣留汁，加粳米和生姜煮成粥食用。

功效：理气祛痰，和胃止呕。

（四）运动处方

痰湿体质的人形体多肥胖身重易倦，应根据自身的具体情况长期坚持体育锻炼。运动时间安排在下午 2：00～4：00 阳气极盛之机，温暖宜人的运动环境。运动项目选择羽毛球、乒乓球、网球、慢跑、游泳、武术以及适合自己的各种舞蹈，并循序渐进，活动量逐渐增强，让疏松的皮肉逐渐结实致密。气功方面，以动桩功、保健功、长寿功为宜，加强运气功法。

痰湿质的人一般体重较大，运动负荷强度较高时，要注意保障安全。

（五）生活指导

痰湿体质者的特征为湿浊偏盛，湿性重浊，易阻滞气机，遏伤阳气，困阻中焦，脾胃升降失司。多参加户外的各种活动，以舒展阳气，通达气机。经常晒太阳或进行日光浴，衣着透湿散气。保持居室干燥，远离潮湿，不宜居住在阴冷潮湿的环境里。在阴雨季节，避免湿邪侵袭。在湿冷的气候条件下，减少户外活动，以免雨淋受寒。

五、湿热体质的调理方法

（一）精神调摄

湿热体质的人一般外向好动、活泼、性情急躁，常常心烦易怒。故平时要加强道德修养和意志锻炼，培养良好的性格。有意识控制自己，遇到可怒之事，用理性克服情感上的冲动。学会正确对待人生的喜与忧、苦与乐、顺与逆，保持稳定的心态。

多听悠扬的音乐，看看晴空万里，空旷的草原。做到节制安神定志，以舒缓情志。

（二）饮食建议

湿热体质者的主要特征为湿热内蕴。适宜食用清利化湿的食品，如马齿苋、鱼腥草、莲藕、空心菜、薏米、茯苓、红小豆、绿豆、苦瓜、芹菜、苦丁茶等，经常三色粥（薏米、红小豆、绿豆熬粥）；多饮石竹茶，少喝酒，少吃葱、姜、蒜、辣椒等辛辣燥烈之品，对于牛肉、狗肉、鸡肉、鹿肉等温阳食物宜少食用。

（三）药膳调补

中药可选用甘淡苦寒、清热利湿之品，如黄芩、黄连、龙胆草、虎杖、栀子等，方剂药物可选龙胆泄肝汤、茵陈蒿汤等。

1. 沙参知母粥

原料：沙参、山药、莲子、薏米、白茅根各 20 克，知母 10 克，糖适量，粳米 50 克。

做法：先将山药切成小片，与知母、白茅根、沙参一起入净布包起，再加入所有材料，加水用火煮沸后，再用小火熬成粥。

功效：益气养阴、清热利湿。

2. 鱼腥草

鱼腥草（图 5-16）为三白草科多年生草本植物，产于中国长江流域以南各省。夏季茎叶茂盛花穗多时采收，洗净阴干用或鲜用。味辛，性微寒；归肺、膀胱、大肠经。具有清热解毒，化痰排脓消痈，利尿消肿通淋的作用。主治肺热喘咳，热痢，疟疾，水肿，痈肿疮毒，热淋，湿疹等病症。可以凉拌、做汤食用。

图 5-16　鱼腥草

凉拌：鱼腥草 250g 加入盐、鸡精、辣椒油、醋、香油搅拌均匀。

用鱼腥草治疗疾病。治疗女性生殖系统疾病：鱼腥草和土茯苓各 30 克，煎水喝。治疗皮肤感染、湿疹：鱼腥草煎水清洗。

3. 马齿苋

马齿苋（图 5-17）属于马齿科一年生肉质草本植物，通常匍匐，无毛，茎常带紫色。叶对生，倒卵状楔形。夏季开花，花小型，黄色。果圆锥形、盖裂。常生于园地或荒地。皮肤瘙痒用马齿苋 120g 煎水外洗，用棉棒蘸马齿苋汁涂于患处，再用手摩擦 5～10 分钟，使药性渗入肌肤，基本上涂一处就好一处，十几天就可痊愈。

图 5-17　马齿苋

（四）运动处方

湿热体质的主要特征为阳气偏盛、湿浊内蕴，适合做大运动量、大强度的锻炼，游泳锻炼是首选。此外武术、爬山、游泳、中长跑以及各种球类运动等，可根据爱好选择进行。

湿热体质者在运动时要避开暑热的环境。秋高气爽时，登高而呼，有助于清除湿热、调理脾胃。

（五）生活指导

湿热体质的人以湿热内蕴为主要特征。居住环境宜干燥通风，放松身心，不要长期熬夜或过度疲劳。要保持二便通畅，防止湿热郁聚，用五指拍打腿湾委阳穴、委中穴和阴谷穴。注意个人卫生，预防皮肤病变。

嗜烟好酒，可以积热生湿，是导致湿热质的重要成因，必须力戒烟酒。口有异味可以咀嚼佩兰叶和藿香。皮肤蚤痒时按摩百虫窝穴位：百虫窝穴位在大腿内侧，髌底内侧上 3 寸，主治皮肤蚤痒，祛风活血，驱虫止痒。

六、气郁体质的调理方法

（一）精神调摄

气郁体质的人性格内向不稳定、敏感多疑、忧郁脆弱、易于伤感。由于气机郁滞，如果长期郁郁寡欢、胸闷不舒，得不到及时合理地调摄，可导致孤独的不良心态。

气郁体质者在情志调摄上，应该用积极的生活态度，培养欢乐、乐观的情绪。精神愉快了则营卫流通，气血和畅，有益于气郁体质的改善。因此要主动寻找快乐，经常看喜剧、励志剧，多参加社交活动。多听一些轻松、开朗、激动的音乐，以提高情绪。平时应常去旅游，以使心胸愉快，从而排除多愁善感的抑郁状态。

（二）饮食建议

气郁体质的人具有气机郁结而不行的潜在倾向。肝主疏泄，调畅气机，并能促进脾胃的运化功能。气郁体质者适当喝一点酒。在饮食方面，应多食具有调理脾胃，理气解郁功能的行气食物，如橙子、荞麦、韭菜、大蒜、高粱、大麦、蘑菇、豆豉、洋葱、黄花菜、玫瑰花等。

（三）药膳调补

药物治疗，以疏肝理气为主。

（1）中药可选用香附、乌药、川楝子、小茴香、青皮、郁金等，中成药可选用以疏肝理气解郁为主组成的方剂，如越鞠丸。

（2）香附牛肉汤

原料：香附 15 克，牛肉 100 克。

做法：将牛肉切成小块与香附（切洗）一起放入砂锅中，加水适量，文火熬 1 小时，加入盐、油等调料即可食用。每周 1 次。

功效：疏肝解郁，行气消涨。

（四）运动处方

气郁体质由于长期的情志不畅，体育锻炼应该以调理气机为主；尽量增加户外的运动，并坚持较大运动量的锻炼，如跑步、爬山、武术、游泳等。多参加旅游活动，既欣赏了自然美景，调剂了精神，呼吸了新鲜空气，又能沐浴阳光，增强体项。

（五）生活指导

气郁体质者平时注重舒畅情志，放松身心，和畅气血。做到衣着宽松，适当增加社会交往和户外活动；室内装修要明快亮丽并经常通风。另外气郁体质者经常按揉合谷穴和太冲穴可缓解气郁的状态。

七、血瘀体质的调理方法

（一）精神调摄

血瘀体质的人由于长期的忧愁思虑，导致气滞血瘀。血瘀体质者常心烦、急躁、健忘、多疑。可导致孤独的不良心态，有时不能参与正常的人际交往。

血瘀体质者在情志调摄上，应培养乐观、欢乐的情绪，精神愉快则气血和畅，营卫流通，有益于血瘀体质的改善。反之，苦闷、忧郁则可加重血瘀倾向。当烦闷不安、情绪不佳时，可以听一听音乐，欣赏一下戏剧，观赏一场幽默的相声或哑剧，能使精神振奋。

（二）饮食建议

血瘀体质者血行不畅，应选用具有活血、散结、行气、疏肝解郁功效的食物。如山楂、醋、黑豆、黄豆、茄子、油菜、桃仁、丝瓜、玫瑰花、月季花、葡萄酒等，宜喝山楂粥、花生粥。酒可少量常饮，醋可适当多吃。

（三）药膳调补

中药可选用当归、川芎、酒制大黄等活血养血的药物，方剂药物可选用熟地黄、白芍、当归、川芎四物汤。

当归三七乌鸡汤

原料：当归 15g，三七 5g，生姜 1 块，适量盐。

做法：先把当归和三七放进清水中浸泡清洗，后把乌鸡装进一个合适的容器里，再把洗好的当归、三七、生姜一起码放在乌鸡上，加入适量盐，再倒入一些清水，注意清水一定要淹过乌鸡，然后盖上盖，等把锅烧开之后，上锅隔水蒸，大火蒸上 3 个小时，鸡肉烂熟之后就可食用了。

功效：消肿止痛，活血化瘀。

（四）运动处方

坚持锻炼多做有益于心脏血脉气血运行的活动。血瘀体质的人心血管功能较弱，不宜做大强度、大负荷的体育锻炼。而应该采用中小负荷、多次数的锻炼。如交谊舞、太极拳、太极剑、八段锦、五禽戏、步行健身法、按摩等，能够振奋阳气，促进全身气血运行。

血瘀体质者在运动时要特别注意自己的感觉，如果出现胸闷、绞痛、头痛、恶心、眩晕，足关节、膝关节、腕关节等疼痛，脉搏显著加快。应及时停止运动，不能缓解者及时就诊。

（五）生活指导

起居勿安逸，运动促血行。生活起居作息时间宜有规律，保证足够的睡眠，可早睡早起多锻炼，注意动静结合，不可贪图安逸，加重气滞血瘀。血瘀体质者有血行不畅的潜在倾向。血得温则行，得寒则凝。血瘀体质者尽量避免寒冷刺激。治疗上应活血化瘀，并配以补气行气。经络养生：刮痧从下往上挂督脉两旁的两条膀胱经。

八、气虚体质的调理方法

（一）精神调摄

气虚体质者胆小不喜欢冒险，性格多内向，情绪不稳定。应培养豁达乐观的生活态度，不可过度劳神，避免过度紧张，保持稳定平和的心态。

树立自信心，确立一个目标，努力提升自己。

（二）饮食建议

常食健脾益气食物，如山药、大枣、小米、香菇、鸡肉、鹅肉、兔肉、鹌鹑、牛肉、鲢鱼，马铃薯、豆腐、胡萝卜等补气调养。少吃耗气食物如生萝卜、空心菜等。

（三）药膳调补

药物治疗，以舒肝理气为主；中药可用甘温补气之品，如黄芪、人参等。脾气虚，宜选四君子汤，或参苓白术散；肺气虚，宜选补肺汤；肾气虚，宜服肾气丸。常食红参炖柴鸡，黄芪桂圆粥。

（1）补中益气汤：黄芪 18g、人参 6g、白术 6g、炙甘草 9g、当归 6g、陈皮 6g、升麻 6g、柴胡 6g、橘皮 6g。

（2）杏仁薏米粥

原料：薏米 15 克、杏仁 5 克、冰糖适量。

做法：将薏米洗干净，杏仁洗干净待用；取砂锅加水适量，倒入洗干净的薏米，先用武火煮沸后，再改用文火煮至半熟，放进杏仁。继续以文火煮至粥成时，再将捣碎的冰糖放入，待溶化后即可。

功效：补肺益气。

（四）运动处方

气虚体质不宜做剧烈运动，应坚持散步、慢跑、太极剑、八段锦、五禽戏和太极拳等体育锻炼，以利于养气、补气，改善呼吸功能。

（五）生活指导

"脾为生气之源，肺为主气之枢"。气虚体质者卫阳不足，易于感受外邪，应注意保暖，不要劳汗当风，防止外邪侵袭。劳则气耗，气虚体质者尤当注意不可过于劳作，以免更伤正气。

气虚体质者起居宜柔缓，夏当避暑，冬当避寒，以防感冒。平时应常去旅游，以使心胸愉快，从而排除多愁善感的抑郁状态。经常按摩足三里穴位来补中益气。

九、特禀体质的调理方法

（一）精神调摄

特禀体质的人情况较复杂，要根据相关体质特征予以调养。多数特禀体质者对外界环境适应能力差，会表现出不同程度的内向、焦虑、抑郁、敏感、多疑等心理反应，要酌情采取相应的心理保健措施。

（二）饮食建议

特禀体质的人应根据个体的实际情况制定保健食谱。体质过敏者要做好日常的预防和保养工作，避免致敏食物，减少发作机会。一般而言，饮食宜清淡，不吃辛辣、生冷、肥甘油腻的食物，忌鱼、虾、蟹、辣椒、浓茶、咖啡、肥肉、酒等"发物"，以免引动伏痰宿疾。

（三）药膳调补

选用何首乌、灵芝、玉屏风颗粒。

（1）黄芪灵芝炖猪瘦肉：黄芪（30g）灵芝（30g）炖猪瘦肉（200g）加一块生姜。前两种药物浸泡0.5小时，再大火炖3小时。

（2）荆芥薄荷茶

原料：荆芥6g，薄荷3g。

做法：将药材放进过滤袋，然后放进冲泡壶中，第一泡是洗药材，所以倒入少许的热水冲泡后，倒出，接着，再倒入约600毫升的热水，闷盖10～15分钟，就可以饮用了。可再加水回冲，反复至没有味道为止。

功效：改善皮肤因风邪、温差、湿度改变引起的过敏问题。

（四）运动处方

特禀体质的形成与先天禀赋有关，应有针对性地选择运动锻炼项目，逐渐改善体质。可练六字诀中的吹字功，以调养先天，培补肾气。对花粉过敏者应避免春天或季节交替时长时间在野外锻炼，以防疾病的发作。

（五）生活指导

特禀体质者应根据个体情况进行起居的调理，注意日常保健。在陌生的环境中容易出现水土不服，应减少户外活动，避免接触各种致敏的动植物，适当服用预防性药物，减少发病机会。在季节交替之时，要及时增减衣被，增强机体对环境的适应能力。特禀体质的人经常按摩迎香穴，每次100下，可明显改善鼻塞不通，有效预防感冒。

每个人的体质，就像是一扇通往健康之殿的大门，帮你配出一把最合适的钥匙，让你轻松开启大门，进入健康的殿堂！大学生通过对自己体质的了解，进行个体化养生。

本章参考文献：

［1］付杰英.中医体质养生［M］.厦门：鹭江出版社，2009

［2］王琦.九种体质使用手册［M］.长春：北方妇女儿童出版社，2010

第 6 章　睡眠保健

在人类生命的过程中，大约有 1/3 的时间是在睡眠中度过的。可以说睡眠与健康是"终身伴侣"。睡出质量、睡出效率，是一件很有意义的事情。

古人有言："不觅仙方觅睡方……睡足而起，神清气爽，真不啻无际真人"。

古人对睡眠的看法：养身三大事，一睡眠，二便利，三饮食。三事中睡眠第一，然胃纳不和者，夜眠不安，故以通便为第二，而饮食无节，饥饱过度者，肠胃必受伤，而营养日减，故以饮食第三。

清代医家李渔曾指出："养生之诀，当以睡眠居先。睡能还精，睡能养气，睡能健脾益胃，睡能坚骨强筋。"

医书《十问》指出："一日不卧，百日不复"。常言道："好的睡眠足抵日食之半"。中医认为："药补不如食补，食补不如睡补。"祖国医学认为"眠食二者为养生之要务"，"能眠者，能食，能长生"。

为引起人们对睡眠重要性和睡眠质量的关注，世界卫生组织将每年的 3 月 21 日确定为"世界睡眠日"。

第 1 节　睡眠的生理

一、好的睡眠是保障生命质量的基础

睡眠是人类生存的本能，良好的睡眠是身心健康的基本保证。没有良好的睡眠，就没有健康的人生。当我们工作了一段时间之后，便会觉得疲倦无力；当我们小睡之后，身体各种机能可以借助睡眠来获取充分休息和平复疲累，使身心得以放松。从食物中摄取营养素，便是靠睡眠的时候转化成身体所需的能量，修补损坏的细胞及生长新的细胞，所以睡得好，能量自然贮存得好。睡眠可提高人体对病菌的抵抗能力，病人睡眠充足，也会早点康复。

人借助睡眠，使身、心获得适当的休息及调理。第二天早晨醒来，会感到精神焕发，神采奕奕，活力充沛。

睡眠是大脑进化所产生的定期更新自保的生理机能。若有良好睡眠，便能更好地将日常发生的事情储存在记忆中。睡眠保肝：睡眠时人体处于卧位，肝脏能享受到更多的血液浇灌，加上身体处于休息状态，肝脏的负担最轻，故高品质的睡眠保肝功效显著；反之睡眠质量差，尤其睡眠障碍，容易累及肝功能。

现代科学研究证明，人体的生理指标，如脑电图、体温、血压、呼吸、脉搏，以及血糖量、血色素、氨基酸、尿量、副肾皮质激素的分泌量等，直至作为代谢结果所表现出来的情绪，都是按照季节、白天与黑夜的规律而有节奏地变化着。这就是人体内的"生物钟"。"生物钟"控制着人体的一切生理功能，使人体所有的生命活动都按一定的周期性的时间规律变化，它决定着人类寿命的长短。

要想少生病，强体质，多增寿，就必须做到起居有常，劳逸适度，最好的措施是根据自己的具体情况，制定一个切实可行的生活作息制度，做到每日定时睡觉，定时起床，定时洗漱，定时工作学习，定时进餐，定时锻炼身体，定时大便等，养成习惯，进而形成规律，使生活安排得生动活泼，井井有条。

睡眠不足的危害：虽然迄今为止还没有人能够证明熬夜和身体疾病有直接关系，但是人的警觉性和精神状况的确会因睡眠不足而变差。

多数人在早晨和黄昏时的警觉性较高，下午略为滑落后再上升，半夜和黎明之间则降到最低。睡眠不足会导致精神不集中、情绪欠佳、工作失准，及创作和思考能力下降，严重的更可能导致交通意外，睡眠不足影响选手临场表现！从晚间11点到翌日清晨7点之间，发生工作意外的概率高得惊人。

习惯在晚上工作，或白天、傍晚、深夜三班倒的工人，他们不仅正常睡眠时间被剥夺，而且心理状况的要求与生理本身的作息步骤也无法配合。

如果常熬夜、睡的时间不够或睡眠环境不佳，长时间累积会造成精神萎靡、涣散、注意力不易集中，进而影响身体健康。

二、科学对睡眠的认识

睡眠的时段划分：按睡眠的深度来划分，可分为四期。

（1）入睡期：人在清醒平静状态时，脑电波的曲线是频率为 8～13 次/秒，称为 α 波，一旦进入初睡阶段，脑电波的曲线频率便明显减慢为 4～7 次/秒，称为 θ 波。

（2）浅睡期：稍有响动，便会惊醒。

如果脑电波的慢波背景上出现振幅较大而频率很低（0.5～3 次/秒）的 δ 波，则标志着人已进入深睡期。

（3）中等深度睡眠期：θ 波中的 δ 波约占 20～50%。

（4）深度睡眠期：δ 波超过 50%，即多于 θ 波。处于熟睡状态，较难唤醒。

三、中医的睡眠理论

（一）昼夜阴阳消长决定人体寤寐

昼属阳，夜属阴。由于天体日月的运转，昼夜交替。与之相应，人体阴阳之气也随昼夜而消长变化，于是就有了寤和寐的交替。寤属阳，为阳气所主，寐属阴，为阴气所主。

《灵枢·口问》解释夜半"阳气尽，阴气盛，则目瞑"；白昼"阴气尽而阳气盛，则寤矣"。

（二）营卫运行是睡眠的生理基础

人的寤寐变化以人体营卫气的运行为基础，其中与卫气运行最为相关。卫气行于阴，则阳气尽而阴气盛，故形静而入寐；行于阳，则阴气尽而阳气盛，故形动而寤起。

《灵枢·天年》说"营卫之行，不失其常，故昼精而夜瞑"。

四、心神是睡眠与觉醒的主宰

寤与寐是以形体动静为主要特征的，形体的动静受心神的指使，寐与寤以心神为主宰。神静则寐，神动则寤；心安志舒则易寐，情志过极则难寐。《景岳全书·不寐》指出："寐本乎阴、神其主也"。由于睡眠受心神的支配，人们常因主观意志需要，使睡眠节律改变。总之在形神统一观的指导下，寤与寐就被看作是两者相互转化的心身过程。

第 2 节　睡眠的误区

一、睡眠越多越有益于健康

睡眠时间是指人的意识自然的有规律的暂时中止，体力得到恢复的过程时间，能达到闭目休息，大脑皮质处于休息状态。有一些上班族喜欢在双休日"补觉"，但往往后来会发现在双休日还没有平时的精神状态好。其实睡眠质量比睡眠时间重要，关键在于保持生活的规律性。

二、晚上做梦表示没有休息好

晚上做梦是人的一种普通生理现象，我们每个正常人在睡眠过程中都会做梦，每晚大约做 4 次梦。如果翌日精神状态好，就表明已休息好。

做梦有益健康！睡好觉，才有"中国梦"！

三、大量饮酒可以催眠

现实生活中有许多人在睡前喝点酒，认为这样能很快入睡，但其睡眠一直停留在浅睡期，很难进入深睡期。同时，酒中的有害物质在人体内积存，毒害身体，伤害视网膜，导致身体适应能力下降。因此饮酒催眠这种做法是不可取的。

四、睡眠能储存和预支

睡眠预支是超长时间的清醒，等于在透支生命，之后的睡眠补偿只能缓解之后的疲劳；对于提前透支的精神和体力，以及由此造成的身体损害，是不能偿还的。

五、睡眠障碍不是疾病

只有在睡眠时，我们才能通过每天从饮食中所摄取的蛋白质释放的氨基酸来重新修复身体。睡眠能使免疫系统释放出更多的免疫细胞，如果睡眠出现障碍，免疫系统将出现衰退，缺乏保护。打呼噜最容易导致高血压。据了解，有 8％的人在一生中都有不同程度的睡眠障碍。

医学专家已经注意到，一种称为睡眠呼吸暂停综合征的睡眠障碍可引起肝脏损害。是指睡眠中因舌咽部狭窄和悬雍垂堵塞气道造成的呼吸短暂停止，严重者呼吸暂停时间可长达一分半钟以上。

对于少数睡眠障碍者来说，有可能是某些尚未显露出来或是已经出现的疾病的一种表现形式了。医学资料显示，患有严重睡眠呼吸暂停者约 32％出现肝功能异常，肝功能损害与呼吸暂停的严重程度成正比。进一步研究发现，这种肝损害与睡眠呼吸暂停引起的缺氧和胰岛素抵抗有关。

六、不需要午睡

子午之时，阴阳交接，极盛及衰，体内阴阳极不平衡，此时静卧，可避免气血受损。午睡对于协调生理时钟和 24 小时周期是有帮助的。吃过午饭后，先进行一些轻微的活动 10～15 分钟，如揉腹等，然后再午睡，这样有利于食物的消化吸收。午睡以睡 15～30 分钟为宜，睡的太长对身体没有好处。夏季中午睡上 1～2 小时，可使大脑和身体各系统都得到放松和休息，可提高机体的免疫机能，增强机体的抗病能力。研究表明，午睡可以防止早衰，使心血管发病率减少 30％。

但午睡并非人人适合，体重超标 20％、血压过低、循环系统有严重障碍的人，往往会由于午睡引起大脑局部供血不足而发生中风。

七、安眠药可以长吃

服用安眠药带来的睡眠不能代替真正的自然睡眠，90％以上的催眠药会缩短人的深睡眠期；另外安眠药具有一定的毒副作用，对于免疫系统的保护没有好处。同一种安眠药不能连续服用 4 周。

八、体育锻炼对失眠只有好处

体育锻炼只能作为失眠患者的辅助治疗手段。但是睡前激烈运动会引起大脑兴奋而导致失眠。

第 3 节　睡眠的作用

一、消除疲劳，恢复体力

在睡眠时人体精气神均能内守于五脏，五体安舒，气血和调，体温、心率、血压下降，呼吸变慢，从而使代谢率降低，体力得以恢复，使自身获得充分的休息。同时人体体内蓄积的代谢废物和二氧化碳、尿素等继续分解排泄出去。

睡眠是消除身体疲劳的主要形式。"积劳成疾"反映了生活经验和医学上的事实。最好的休息方式是睡眠。

二、保护大脑，维护智力

人体大脑的皮质细胞具有高度的反应性和复杂的功能活动，它需要丰富的营养，但本身又缺乏储备营养物质的能力，所以特别脆弱。睡眠时人体处于相对静止状态，人体大多数功能降低，合成代谢大于分解代谢，有利于营养供给，弥补损耗，储存能量，恢复精力，提高脑力效率。

大脑在睡眠状态中耗氧量大大减少，睡眠能保护大脑皮质的神经细胞，有利于脑细胞储存记忆和防止遭受严重的损伤。

睡眠不足时，表现为烦躁、激动或精神萎靡、注意力分散、记忆力减退等神经精神症状。

三、增强免疫

良好的睡眠能使脑神经、内分泌、体内物质代谢、心血管活动、消化功能、呼吸功能等能得到休整。人在睡眠时能产生大量的抗原抗体，从而增强对疾病的抵抗力。

睡眠使身体各组织器官自我修补加快，是疾病康复的重要手段；现代医学常常把睡眠作为一种治疗手段，用来医治顽固性疼痛及精神病等。

四、促进人体生长发育

"能睡的孩子长得快"：睡眠促进儿童发育，增长身高。婴儿的大脑尚未发育成熟，在睡眠状态下，血浆中生长激素可持续数小时维持在较高水平，此时儿童生长速度增快。故要使儿童身高增长，就应当保证睡眠足够时间和质量。

能睡的老人才有希望长寿。老人因为生理机能减退，易疲劳，应多睡。

五、利于美容

睡眠有利于健美皮肤。晚上 10 点到凌晨 2 点之间，人的皮肤也开始处于一天中最为敏感、最需要补充能量的时候。如果此时得不到充足的睡眠，副交感神经不能活动，我们的皮肤就得不到充足的营养和必需的雌性激素，如果夜间仍然持续着白天的工作，天长日久必然会枯萎憔悴。失眠或熬夜过度人就会感到头昏乏力，面色灰暗，面部皱纹增多。

充足的睡眠是女人养颜的法宝：女性最担心睡眠不足引来痤疮的产生，使皮肤质感粗糙、面容暗淡无光。睡眠不足神经系统功能就会紊乱，皮肤的血液循环不良，引起皮肤起皱，失去光泽。如果睡眠充足，大脑和机体得到充足休息，神经系统调节功能正常，皮肤就会滋润光滑，显示出自然健康的美。

六、优质的睡眠是防癌的重要措施

细胞分裂多半是在人睡眠中进行的。一旦睡眠规律发生紊乱，机体则很难控制住突变，以致在外部环境因素的作用下出现癌性突变。积极治疗失眠，可以从源头上防止癌症的发生。

因此人不但要睡觉，还要睡得够，更重要的是睡得好！

第 4 节　睡眠时间和睡眠质量

好的睡眠既取决于睡眠的时间，也取决于睡眠的质量。

一、睡眠时间

（一）人类最佳的睡眠时间：晚上 10 点～次日清晨 6 点。

为了保障健康，人们应该有足够的睡眠时间，特别要睡好子午觉。子时是从晚上 11 点到次日凌晨 1 点，午时是从中午 11 点到下午 1 点。中医认为，子午之时是阴阳交接、极衰极盛的时候，体内气血阴阳极不平衡，应该要静卧休息，避免气血受损。换言之，你要把握好午睡与夜间睡眠，尤其是夜间睡眠，晚上 10～10：30 分上床睡觉是最好的，保证 11 点左右睡熟，为肝功能的修复做好铺垫。子时是骨髓造血的时间，流经肝脏的血液最多，有利于肝功能修复。因为经过 1～1.5 个小时，人才能进入深睡眠，凌晨 0 点～3 点是深睡眠的黄金时间。

（二）影响睡眠时间的因素

（1）年龄。睡以安神为主，神以心安为主。睡眠应和年龄相配。青壮年一夜睡 7～9 小时，婴幼儿增加 1～3 小时；老年人减少 1～3 小时。即青壮年一夜至多睡 7～9 小时，童年必睡 8～9 小时，老人 6 小时足矣。睡眠时间少了不行，睡得多了反而有害。因为睡眠过久可使大脑睡眠中枢负担过重，使大脑昏昏沉沉，影响大脑正常工作所需的兴奋水平。中医认为"久卧伤气"，久卧易造成气血流通不畅，机体的新陈代谢水平低下，体内各个器官的生理功能得不到充分发挥而导致肌肉萎缩，脑力衰退，或痰湿内生等症。

（2）职业。正常上班和长期从事农业生产劳动的人，其作息方式是"百灵鸟式"，既早睡早起；而脑力劳动者和长期上夜班的人，其作息方式多以"猫头鹰式"，迟眠晚起。

（3）体质。体质差异较大对睡眠时间的要求亦不尽相同。痰湿体质的人一般入睡快，睡的时间也长，而阴虚体质的人一般入睡慢，睡的时间也少。

（4）四时季节的变化。一般在冬季，人们睡的时间长一点，而夏季人们则睡的时间短一点。

（5）在睡眠的时间上要训练良好的睡眠规律

每个人都要养成良好的睡眠习惯。明代胡文焕将睡眠的时间规律总结为："春夏宜早起，秋冬任晏眠，晏忌日出后，早忌鸡鸣前"。

二、睡眠质量

所谓睡眠的质量，包括睡眠的深度和快波睡眠占整夜睡眠的比例多少。好的睡眠，既取决于睡眠的时间，也取决于睡眠的质量。深睡眠占 25%～30%，做梦占 30%，其余为浅睡眠。若达不到睡眠"深度"和"比例"这两项要求，即使时间睡够了，也会反复醒来，乱梦纷纭。醒后仍不解乏呵欠不断，精神不振，注意力不集中，工作能力下降。

　　评价睡眠的质量在于看第二天的精神状态，感觉精力充沛，没有觉得不舒服，这就表明是健康的睡眠。

　　实际生活中可用以下标准检查是否较高的睡眠质量：上床后 5～15 分钟进入睡眠状态；睡眠中呼吸匀长，无鼾声，不易惊醒；睡眠中无梦惊现象，很少起夜；早晨醒来身体轻盈精神好；白天头脑清晰，工作效率高不困倦。

　　一般说来睡眠质量好，则睡眠时间可以少些。

第 5 节　睡眠的姿势与方位

　　古人云："立如松，坐如钟，卧如弓"。不论在什么时候，人都应保持一个良好的姿势。睡眠时身体的最佳位置应该是最能使脊椎下部得到放松的位置，这样可以使不断处于紧张状态的骨盆和尾骨得到休息。

一、睡眠的姿势

（一）最佳睡眠姿势：右侧卧（如图 6-1 所示）

　　南宋蔡季通在《睡诀》中指出："睡侧而屈，觉正而伸，早晚以时，先睡心，后睡眼。"唐代《千金要方》云"屈膝侧卧，益人气力胜正卧"。

　　右侧卧位肢体自然屈曲，使全身肌肉筋骨放松，又能使体内脏腑保持自

图 6-1　右侧卧

然位置，利于消除疲劳和保持气血通畅。

根据人体生理结构，人的心脏位于胸腔偏左的位置，胃肠道开口都在右侧，肝脏位于右肋部，右侧卧位使心脏压力减少有利于血液搏出，又增加了肝血量有利于肝的新陈代谢；《老老恒言》说："如食后必欲卧，宜右侧以舒脾气"。右侧卧位使食物的消化、吸收、运行和营养物质的代谢得到加强，人自身感觉比较舒服。孕妇宜左侧卧，有利于胎儿生长，可以大大减少妊娠并发症。

（二）仰睡

两手会不自觉地放到胸部上面，既易压迫心、肺影响其功能，又易出现噩梦或梦魇。此外由于脸孔朝上，一旦熟睡时，容易因舌根下坠或口水流入气管而造成打呼或呛咳。

（三）俯睡

胸腹部受压更甚，口鼻也易被枕头捂住，为了避免捂住，势必长时间把头转向一边，这样又会引起颈肌扭伤。

右侧卧的姿势虽然有利于养生保健，但并不要求睡着后姿势永远不变。"压迫性"运动会导致睡眠者在床上变换姿势，以便使身体表面受压过大的部位得到休息。健康人在一夜睡眠中，姿势变换约 20 次以上，以求得舒适的体位，只是以侧卧的习惯为好。如仰卧，手不要放在胸上也不要抱头枕肘，下肢不要交叉，以使全身肌肉放松。较短时间的左侧卧位也是可以的，但对心脏功能欠佳者，左侧卧易使心脏受压，影响心脏的血液循环。

二、睡眠的方位

睡眠的方位与健康紧密相关，主张四时阴阳定寝卧方向。

《千金要方·道林养性》说："凡人卧，春夏向东，秋冬向西"；《保生心鉴》云："凡卧，春夏首宜东，秋冬首向西"。认为春夏属阳，头宜朝东卧；秋冬属阴，头宜朝西卧，以合"春夏养阳，秋冬养阴"的原则。头为诸阳之会、元神之府。春夏阳气上升旺盛，而东方属阳主升，头向东以应升发之气而养阳，保证清升浊降，头脑清楚。秋冬二季阳气收敛潜藏，而西方属阴主降，头向西以应潜藏之气而养阴。

《千金要方·道林养性》提出："头勿北卧，及墙北亦勿安床"。《老老恒言·安寝》也指出："首勿北卧，谓避地气"。认为北方属水，阴中之阴位，主冬主寒，恐北首而卧阴寒之气直伤人体元阳，损害元神之府。临床调查发现头北足南而卧的老人，其脑血栓发病率较其他卧向高。国外资料表明，头北足南而卧，易诱发心肌梗死。

总之，卧向与健康的关系，是一个值得进一步研究的问题。

第 6 节　卧具

一、床铺

床铺是睡眠的主要工具，床的选择对保障睡眠非常重要，考虑它是否符合人体生理特点有益于睡眠。

（一）床铺应软硬适中为宜

在木板上铺垫约 10 厘米左右厚的棉垫，可保持人体脊椎处在正常生理状态。床垫与人体躯干的生理弧度吻合，使骨盆、脊柱和头在一条水平线上。新床垫使用 6 个月应上下两面，头脚两处调换，以使床垫受力均匀。

南方用的棕绷床（如图 6 - 2 所示）既柔软又有一定的弹性和硬度，可使全身肌肉放松，是比较理想的床铺。

图 6 - 2　棕绷床

（二）床铺的长度与宽度

《服虔通俗文》中载有："八尺曰床，故床必宽大"。床铺面积大，睡眠时便于自由翻身，筋骨舒展，有利于气血流通，消除疲劳。一般来说，床铺的长度比就寝者长 20～30 厘米，宽度比就寝者宽 40～50 厘米。单人床的宽度以就寝者的肩宽 2.5 倍为宜，双人床的宽度应是夫妻肩宽之和的 2 倍。

（三）床铺的高度

《老老恒言》说："床低则卧起俱便"。床铺的高度略高过就寝者膝盖为好，一般约 40～50 厘米，便于就寝者上下床。

（四）床铺的摆设应避开通风口

二、枕头

枕头（如图 6-3 所示）是睡眠不可缺少的用具，适宜的枕头有利于全身材松。保护颈部和大脑、促进和改善睡眠。

图 6-3　枕头

（一）枕头的基本要素

（1）高度。自古以来，虽有"高枕无忧"的说法，其实并非枕头越高越好。

如果长期使用过高的枕头，颈部被固定在前屈位，时间一长，颈部的骨骼就会出现形状上的改变，肩酸头痛等症状接踵而至；颈部前屈位还会压迫颈动脉，妨碍其血液循环，颈动脉是供给大脑的血液的重要通道，颈动脉的血流受阻，大脑血流量降低，引起脑缺氧，就会加速脑细胞的消耗。低枕使头部充血，易造成眼睑和颜面浮肿。一般认为高血压、颈椎病及脊椎不正的病人不宜使用高枕；肺病、心脏病、哮喘病病人不宜使用低枕。

头部保持稍高的位置是有好处的，可防止头部充血。胸部抬高了些，使呼吸顺畅，下半身血液回流也减慢了些，减轻了心脏负担有利于睡眠。

通常枕头高 8～12 厘米为宜，即稍低于从肩膀到同侧颈部的距离。我国古代有句谚语："长寿三寸，无忧四寸"。1 寸为 3 厘米，想长寿选 9 厘米高的枕头为宜，要睡得舒服，以 12 厘米高为好。

（2）长宽度。单人枕的长度以超过自己的肩宽 15 厘米为宜。枕头稍长可使人睡觉时自由辗转反侧，保持睡眠姿势舒展，气血通畅。

枕头应枕在脖子的位置，宽度则以 15～20 厘米为宜。

（二）枕头的软硬度

枕芯是枕头的内容物，是枕头的重要组成部分。我国古代对枕芯的充填材料特别讲究，蒲绒、稻草、木棉、荞麦壳均可做枕芯，可根据条件选用。用野菊花、香草，或用泡过的茶叶晒干后，做枕芯，清香扑鼻，有助于舒适入眠。

枕头宜软硬适度，稍有弹性。既能减少枕头与头皮之间的压强，又保持不均匀的压力，使血液循环可从压力较小的地方通过，并且保持一定的高度。

荞麦壳枕头软硬适中，弹性适度，具有防潮透气冬暖夏凉的特征，适合于一年四季使用，特别适合儿童、学生、脑力工作者、失眠患者和中老年患者使用。根据《本草纲目》记载"荞麦，性寒凉无毒。荞麦壳作枕，明目爽神，舒筋活络。"经现代医学实验证明，长期使用通过特殊工艺处理的荞麦壳枕头可以去脑火、清神、明目，对于失眠、偏头痛、颈椎病以及其他颈肩肌肉酸痛都具有显著的缓解和治疗作用。3kg 荞麦壳枕头，适合成年人使用。2kg 荞麦壳枕头，适合中小学生使用。0.5kg 荞麦壳枕头，适合使用 0～2 岁小宝宝使用。

枕头的使用有一定要求，一般仰卧时枕应放在头肩之间的项部，使颈椎生理前凸得以维持。侧卧时枕应放置于头下，使颈椎与整个脊柱保持水平位置。

（三）预防落枕

落枕是常见的一种颈项软组织扭伤性疾病。当人们在起床后发现颈项歪斜、脖子疼痛、旋转不利等现象时，就是"落枕"了。

发生落枕的原因主要是睡觉姿势不当，枕头过高过硬或受凉等。另外长时间的仰视、低头、运动员的前后滚翻动作、扛抬重物时由于颈部肌肉发生反射性收缩，紧张度增高，使局部血液循环减少，加上机械性的压迫和扭伤，也会发生落枕现象。

预防落枕要有正确的睡觉姿势，一般以右侧卧位为好。枕头要柔软，高低适度。工作中经常需要仰视、低头、颈部旋转的人，在工作前可做些准备，如做颈部旋转活动，局部按摩等，扛抬重物尽量不要超过人体负荷。

发生落枕后，睡觉时头要偏向患侧，局部按摩、热敷以促进血循环（用热毛巾外敷，有活血解痉作用）。

三、被子及其他卧具

一般卧具被子（如图6-4所示）的主要作用是保温，减少热量传递，即减少人体的热量散失。在睡眠时，肩颈部分为空气的通路，在特别寒冷环境中睡觉时要注意肩颈部分的覆盖。

图6-4 被子

被里宜柔软，可选细棉布、棉纱、细麻布等，不宜用腈纶、尼龙、的确良等带静电荷的化纤品。被子中的内容物，宜选棉花、丝棉、羽绒。被子应经常在太阳光下晒干，使其经常保持干燥，经过太阳光晒干的被子可使含气量增加，提高保温力；但合成纤维类棉絮在太阳光下易变质，应避免在直接日光下曝晒，最好晾在通风的地方使其干燥。

床单宜清洁平坦，不要有皱褶，被里或被套宜轻柔，尽量减少和避免对皮肤的刺激，有助于入眠。

第 7 节　睡眠的环境

营造良好的睡眠环境：幽静、清洁、舒适的环境，将使你心情放松，有助于睡眠。

一、减少噪音

安静的环境是帮助入睡的基本条件之一。嘈杂的环境使人心神烦躁，难于安眠。很难想象喧闹嘈杂的环境能很快使人进入梦乡。设置窗帘，不但能控制日照、通风和调节光线，也能阻挡和吸收噪音。夏天炎热，必须开窗，可挂上一张竹帘，既可隔热，又能阻挡一部分噪音。室内最好选用木质家具，因木材纤维具有多孔特性，能吸收噪音。家具安放不宜过少或过多，过少声音可在室内共鸣回旋，产生很大的回响；过多显得拥挤不便，东碰西撞，增加响声。

二、室内光线幽暗

《老老恒言》说："就寝即灭灯，目不外眩，则神守其舍"。《云笈七签》说："夜寝燃灯，令人心神不安"。

睡觉时明灯高烛，使睡眠不安稳，浅睡期增多。因此睡前必须关灯，窗帘以冷色为佳。

三、空气新鲜

卧室必须安窗。白天保证阳光充足，空气流通。在睡前、醒后及午间宜开窗换气。开窗可以使室外的新鲜空气与室内的污浊空气进行充分的交换，以创造良好的空气环境。

新鲜空气是自然的滋补剂，它可以提供充分的氧气。氧气充足不仅利于大脑细胞消除疲劳，而且利于表皮的呼吸功能。但在冬天应开气窗或侧窗并盖好被褥，不让冷风直接吹到身上。

四、温度湿度适宜

温度、湿度适宜是入睡的重要条件。过冷、过热或潮湿，会引起大脑皮层的兴奋，妨碍大脑皮层抑制的扩散而影响睡眠。

一般认为卧室温度以保持 18℃～20℃ 为宜，湿度以 40％ 左右为宜。摆设床铺时，不要把床紧靠暖气片，尤其是不要头朝暖气装置。

第 8 节 培养良好的睡眠习惯

科学睡眠歌：早睡早起，精神百倍。贪床贪睡，添病减岁。睡前开窗，一觉都香。贪凉失盖，不病才怪。贪吃撑胀，节食健壮。

现实生活中，不少大学生存在入睡难，睡眠质量不高。睡眠不好是综合性的问题，如肝火过旺，睡觉警觉；胃火过剩，睡觉不安；肝阴不足，睡觉劳累。

一、顺其自然，按时作息，刹住"开夜车"

生活作息要按时，保持规律的睡眠时间，即使前一天没睡好，隔天仍要按时起床，以免影响晚上的睡眠。

新疆维吾尔族 119 岁的大夫吐地·阿西木阿吉说："人的身体好比一部精密机器，只有有节奏地运转，才能减少损伤，永葆青春。"

（1）熬夜使快波睡眠时间占睡眠总时间的比例显著增加，而快波睡眠与做梦有关，经常熬夜的人会觉得自己整夜在做梦，易导致身体疲劳，注意力分散，情绪不稳定。

（2）在慢波睡眠期间脑下垂体分泌的各种激素量增多，尤其是生长激素的分泌。而生长激素有助于青少年的生长发育，能促使全身细胞消除疲劳。熬夜影响了大学生的发育。长期熬夜还会引起大学生神经衰弱，学习成绩下降。

如今大学生熬夜现象越来越普遍。然而经常熬夜，会一点一滴耗损体内的阴液，变成阴虚体质。即使精疲力竭，上了床也睡不着，这是得不偿失的。时间长了记忆力会不断下降，伴有心慌、头晕等表现。

二、睡前刷牙

晚上刷牙比早上刷牙更重要。如果睡前没有刷牙，食物的残屑附着在牙齿的表面，或堆积于牙缝里，易发生龋齿或牙周炎。

三、睡前洗脚

入睡前温水泡脚既起到滋肾明肝的作用，又有利于提高睡眠质量。洗脚可去足垢，冬日泡脚使足部温暖，能引血气下行，使心宁神安。

民间《洗脚歌》："春天洗脚，升阳固脱；夏天洗脚，暑湿可祛；秋天洗脚，肺润肠濡；冬天洗脚，丹田温灼。"如果泡完脚后再适当做几分钟足底按摩，对身体的血液循环更好，脏腑器官也更能得到进一步的调节。

四、睡前饮食要科学

晚餐七成饱，应在入睡前四个小时，即下午 7 点之前进食为宜。睡前不要吃东西，以免加重胃肠负担。《黄帝内经》说"胃不和则卧不安。"睡眠时人的消化功能减弱，吃多了加重消化系统负担，使睡眠不深。

（1）晚餐不吃辛辣食物。大蒜、辣椒、洋葱等辛辣食物会造成胃中有灼烧感和消化不良，进而影响睡眠。

（2）晚餐不吃胀气的食物。豆类、洋葱、玉米、大白菜、香蕉等食物在消化过程中会产生较多的气体，从而产生腹胀感会妨碍正常睡眠。

（3）晚餐不吃油腻的食物。如果吃了油腻的食物后会加重胃、肠、肝、胆和胰的工作负担，刺激神经中枢让它一直处于工作状态，也会导致失眠。

（4）睡前不宜喝浓茶、咖啡。咖啡因会刺激神经系统而引起兴奋，是导致失眠的主要原因。睡前亦不宜大量饮水，饮水损脾，水湿内停，夜尿增多，甚则伤肾。

五、睡前情绪应平稳，先睡心，后睡眠

先睡心，就是睡前保持思想安静、情绪平稳，不再兴奋、激动，切忌忧虑恼怒。任何情绪的激烈变化，都会引起机体紊乱，阳不入阴，导致失眠。

因此睡前不宜看场面激烈的影视剧和球赛，勿谈怀旧伤感或令人恐惧的事情。高度用脑的娱乐活动应有所节制。

六、不要蒙头睡觉

古人早就有卧不盖头的明训。《千金要方·道林养生》指出："冬夜勿覆其头，得长寿。"

如果睡觉时蒙头，呼吸受到妨碍，人体会出现氧气不足现象，造成头晕、胸闷等不适。另外呼出的气体中含有不少水分，蒙头睡时，会增加被窝里的湿度，易引起感冒及其他疾病。

七、不要"和衣而卧"

穿着衣服睡时，往往压迫浅表的血管，阻碍血液流通。可以穿着比较宽大的内衣睡，最好是睡衣。睡衣宜宽大、无领无扣，不使颈胸腰腹受束。睡衣一般要长于身高，使睡眠时四肢覆盖，不冒风寒。其选料应以天然织品为好。

八、睡前宜散步，忌剧烈运动

晚饭后外出散步，既有利于消化，又可领略夕照佳景，呼吸新鲜空气十分有益。

睡前忌进行剧烈运动，运动最好在睡前 6 小时完成。晚上只做按摩或柔软体操，用来帮助肌肉放松。

九、睡眠保健的注意事项

（1）睡眠宜早，勿过晚 11 点，晚 11 时至凌晨 1 时为阳生时，此时不睡肾水必亏，水亏则火旺，就会伤胆伤肝伤神。

（2）提倡午睡，上午 11 时至下午 1 时为阴生之时，此时稍稍睡一会儿，或静坐 15 分钟，闭目养神能养心。

（3）养成良好的睡眠卫生习惯，保持平和心态，枕上切忌思索想事，也不要躺在床上看电视或看书报，以免侵犯睡眠时间。睡时宜一切不思，鼻息调匀，自己静听其气，由粗而细，由细而微细而息，视此身如无物，自然睡着。

如有思绪不能在枕上转侧思虑，这样最耗神，可坐起一时再睡。午夜醒来可以喝一杯水，稀释血液防血栓。

（4）夏日起宜早，冬日起宜迟。人每天何时起床，看起来是微不足道的个人习惯问题，实际上也影响着健康和寿命。

祖国医学认为，人与自然是统一的整体，根据四时阴阳元气的消长变化，来调整起床时间，是适时养生之一法。《素问·四气调神大论》对此有较详细的阐述。春天阳气上升，万物发育；夏天阳气已盛，物蕃且秀。此时应适当早起，以顺阳气升发之性。秋天万物平定，阴气已上，阳气微下；冬天阳气内伏，万物闭藏，宜适当晚起以顺阴盛阳藏之德。不过早起晚起只是相对，过早或过晚则又非所宜。生活起居如能适应四时气候的变化，就能防止疾病的发生，有利于身体健康。

（5）音乐疗法是夜不能寐者的最好选择

音乐有助于睡眠，以不带歌词的器乐曲为最好。《军港之夜》《春江花月夜》《二泉映月》《平湖秋月》《银河会》《春思》《独影摇红》《出水莲》《大海一样的深情》《宝贝》《梦幻》、门德尔松的《仲夏夜之梦》、肖邦的《小夜曲》和《摇篮曲》、莫扎特的《小夜曲》、比才的《卡尔曼间奏曲》、布朗克的《小提琴奏鸣曲》、德彪西的钢琴协助曲《梦》等都可以有助睡眠。

第 9 节　失眠的预防

一、失眠的定义

失眠是人们难以入睡、睡眠维持困难，或在隔天清晨醒来时没有饱足感及重获精力的感觉。

失眠是一种病态，表现为晚上难于入睡，白天则头昏脑涨精神萎靡，食欲不振，易发脾气，紧张不安，注意力不集中，工作效率极低，给人的精神和体力带来很大的损害。目前在中国有失眠症状的人高达 38.2%，其中有一半会影响白天工作。

二、失眠的原因

（1）起居失常：生活不规律，劳逸失度，无节制的上网、打牌、夜生活、夜班等是造成失眠常见的原因。长期开夜车，造成晨昏颠倒破坏了睡眠——觉醒节律，使自主神经系统紊乱。

（2）心理因素：应试、下岗、失恋等影响心理，白天过度紧张或整日忧心忡忡，恼怒、恐惧、抑郁都能造成大脑皮层兴奋抑制失常，以致夜晚失眠。临睡前大怒大喜或激动悲伤亦可造成大脑局部兴奋灶强烈而持久的兴奋，引起失眠。此外不良性格也是能够造成晚上失眠的原因。

（3）环境因素：不良的卧室环境，也能引起失眠，如噪音、蚊蝇骚扰、强光刺激、空气污染等。

（4）身体因素：来自身体内部的生理、病理刺激，会影响正常的睡眠，如过饥、过饱、腑实便秘、疼痛、搔痒、呼吸障碍、耳鸣等等。

三、失眠的种类

（1）起始失眠：入睡困难。特点为夜晚精力充沛，思维奔逸，上床后辗转难眠，毫无困意，直至后半夜才因极度疲劳而勉强入睡。通常作息方式为"猫头鹰式"的人，以青壮年多见。这种类型的占失眠者的大多数。

（2）间断性失眠：熟睡困难。特点为睡眠程度不深，夜间常被惊醒，醒后久久无法再眠。通常为焦虑痛苦的人。常见于体弱有慢性病及个性特殊的人。

（3）终点失眠：早早醒来。特点是后半夜一醒即再难入睡。白天精神状态差，常常打盹，至下午精神才好转，常见于动脉硬化病人及年迈的老人。

由于各人睡眠规律与类型的不同，因此诊断失眠还应参考质量标准。有的老年人素来醒得很早，醒后十分精神，白天不觉疲劳，尽管少眠，仍不属失眠范围。

四、失眠与心理健康

失眠更多的是心理疾病的伴随症状，焦虑症、抑郁症、强迫症以及其他心理疾病有一个共性方面，就是这些疾病绝大多数同时存在失眠，失眠是这些疾病的早期信号，也是心理疾病复发的信号。90％抑郁症长期失眠。

长期慢性失眠又容易导致抑郁、焦虑的发生。强迫、敏感、完美主义的个性缺陷是导致慢性失眠常见原因。

五、失眠的自我评估

（1）客观标准：一般成人一天睡 7～9 小时。

（2）主观标准：①生理感觉：指第二天是否有头昏、头痛、四肢乏力等感觉。②心理感觉：指第二天内是否有烦躁、焦虑等情绪出现。③生活、工作感觉：指第二天的生活质量、工作效率是否受到影响。

六、如何面对失眠

（1）一般调节：生活要有规律，白天生活充实，保持适当紧张和疲劳；创造良好的睡眠环境，不要强迫自己睡觉，上床半小时不能入睡，起床到另一间房屋做一些简单无意义的事情。

（2）注意饮食，晚餐不宜太饱，不宜喝酒、不宜喝茶和咖啡等。

（3）保持心情平静，不要在睡前思考当天事，计划第二天的事。

（4）白天进行适当体育锻炼，学会放松自己，不要强制睡眠。

（5）数数不可取。与其床上数羊，不如潇洒起床。人生不百年，长怀千年忧；昼短苦夜长，何不秉烛游。

七、消除失眠的办法

（1）烦躁、生气失眠——养肝

烦躁、生气，属于肝气瘀滞。每天用 6g 菊花泡水喝，或用大拇指掐行间穴，坚持 10～15 秒泄肝火，一侧做 10～15 遍，可以缓解失眠症状。

（2）腹胀难眠——养脾

主要以预防为主，晚餐尽量在下午 7 点以前进食，7 成饱。平时注意吃些山楂。

莲子薏米山药粥：莲子、薏米、山药各 10g，加入大米一起煮。每隔一天吃一次可调理脾胃。

（3）"想出来的失眠"——养心

我国民间有"先睡心、后睡眠"的说法，先要将自己的情绪彻底平静下来，丢掉一切繁杂思绪，什么也不想，心静自然入眠。

用酸枣仁 10g，熟地 10g 先熬水，再用这个水煮粥吃，可缓解"想出来的失眠"。

（4）体弱者失眠——养肾

用手心脚心互擦解决。脚底的涌泉穴是肾经的一个主穴。睡觉前泡脚，再用手心劳宫穴去揉搓脚心涌泉穴，这样可以心肾相交，达到缓解失眠促进睡眠的目的。

食疗用山药枸杞粳米一起煮粥吃。

（5）病中或病刚好——养肺

经常用刮痧板刮大鱼际，从大鱼际向大拇指，单方向刮，清肺火。多吃梨、蜂蜜、枇杷等能清心润肺，降火生津，降肺热，尤其以枇杷缓解失眠效果最好。

（6）学习婴儿的睡觉特征：四仰八叉、虎抱头。

（7）饮用梨和藕榨汁的饮品：一个梨和一节藕，一定要加开水。还可以加 4～5 个干红枣、半个百合。

（8）用 20mL 的食用醋和 30mL 的蜂蜜，搅拌于温水中，临睡前喝一杯。

（9）喝合欢花茶，取合欢花干燥的花蕾 9～15g，用沸水冲泡饮用。

（10）若要不失眠，煮粥加白莲。

（11）科学使用药物

睡眠保健强调：科学睡眠，卧具适宜，睡姿正确，就寝定时，睡眠时间充足。一般调节无效一定要到失眠专科请专家诊治。

①在专业医师指导下使用。不必过分害怕用药，衡量利弊，避免越用越大。②根据失眠特点选用药物。③交替使用，一种安眠药不能连续服用 4 周。④避免长期大量使用。⑤不能突然停药。

本章参考文献：

[1] 王晶.老年人体质与生存质量相关关系的研究［D］.广州中医药大学，2008

[2] 张时.中医个体化运动养生体系的构建［D］.山东中医药大

学，2011

　　[3] 黄玉燕，汤尔群. 从《类修要诀》谈胡文焕的养生思想 [J]. 吉林中医药，2012

　　[4] 苏亚平. 高枕是否真的无忧 [J]. 当代护士，1999

　　[5] 容军. 睡前刷牙好 [J]. 农村百事通，2004

　　[6] 丁松香. 习惯决定健康 [M]. 北京：新世界出版社，2011

　　[7] 谢瑞真. 环境养生与健康关系的研究 [D]. 广州中医药大学，2009

第 7 章　环境养生

自然法则不断提醒人们，生命的起始、长短、优劣都与环境有关。阳光、空气和水永远是大自然赐给所有生物的。

健康是长寿的先决条件，每个人的健康状况在很大程度上又依赖于他所生活的环境。环境是人类生存和发展的基本条件，养生环境是指阳光、空气、水源、土地、植被、住宅、社会人文等因素综合起来，所形成的有利于人类生活、工作、学习的外部条件。人们要想"尽终其天年"，必须要有优美的自然环境、安定繁荣的社会环境以及良好的居住环境。

第 1 节　自然环境与养生

人与自然是有机的统一整体。环境创造了人类，人类依存于环境，人受其影响又不断与之相适应；人类又通过自身的生产活动不断改造环境。同大自然和谐共存是养生之道，养生要遵从天地自然的法则。一个人在妈妈肚子里的时候是九窍不通一窍通，肚脐跟妈妈通着，其他的窍全关闭着；一旦落生，一窍不通九窍通，就和天地之间构成了特有的相关性。

在环境中有许多生态因素时时刻刻地作用于人的机体。这些因素不仅错综复杂而且处于经常不断地变化之中。人体借助于机体内在的调节和控制机制与各种生态因素保持着相对平衡，表现出机体对环境的适应能力。但人类的适应能力是有限的，当环境中的有害生态因素长期作用于人体或者超过一定限度，就要危害健康引起疾病甚至造成死亡。

环境中的生态因素自古以来就受到人们高度重视，如《黄帝内经》里就有明确的记载："一州之气，生化寿夭不同，其故何也？岐伯曰：高下之理，地势使然，崇高则阴气治之，污下则阳气治之。阳胜者先天，阴胜者后天，此地理之常，生化之道也……高者其气寿，下者其气夭，地之小大异也，小者小异，大者大异。"

　　环境是一个极其复杂、辩证的自然综合体，一切生物都要适应环境而生存。人生活在自然环境里，吃的是自然的饭，吸的是自然的空气，喝的是自然的水。大自然给我们生存的权利，也给细菌、病毒同样的权利。致病原及寄生虫影响着人的发育和衰老变化，可引起人疾病的生物致病原，包括细菌、病毒、支原体、螺旋体、原虫、立克次体、蠕虫等。流行病学研究证明，人类的疾病70％～90％与环境有关。利用、改善自然环境，是人类自身的需要，是维护人类生存和发展的前提。

　　长寿是人类对生命的最大愿望。自然法则告诉人们：丰茂的植被，纯净的空气，含有微量元素的土壤等优美的环境是人们长寿的重要条件。《黄帝内经》明确指出：居住在空气清新、气候寒冷的山区的人多长寿；反之居住在空气污浊、气候炎热的低洼地区的人多短寿。现代研究表明，海拔1500～2000米之间的山区，山清水秀、风景优美、环境幽静，阴离子密集，是长寿的地理环境（如图7-1所示）。根据我国人口普查统计，百岁以上的长寿者大都生活在植被茂盛的山区。

图 7-1　山清水秀的地理环境

一、空气环境与养生

　　空气是养生的重要载体，也是人类生存的重要生态因素之一。人体需要与其所在的环境不断地进行着气体交换,机体必须从空气中吸入氧气,以维持生命活动,并且将代谢过程中产生的二氧化碳排入空气中。

因此空气是否清洁,是否含有毒成分,对人体的健康影响很大。

在通常的情况下大气是清洁的。近年来随着我国城市人口的增长和工业发展,机动车辆猛增,污染物排放和悬浮颗粒的增加,空气污染严重。当空气中的污染物达到一定浓度时,会对人体健康产生危害。

(一)空气污染对人体的危害

(1)对呼吸器官的危害。空气污染物经呼吸道进入,由于肺泡表面积达 $50\sim100m^2$,肺泡壁薄($1\sim4\mu m$)肺泡间有丰富的毛细血管,污染物和肺泡接触面大,吸收迅速,能引起呼吸系统疾病。另外污染物不经过肝的转化、解毒直接进入血液循环,还会引起全身中毒。

(2)对消化道的危害。空气污染物的降落,造成了土壤、水体和食物的污染,被污染的水和食物经消化道吸收,进而对消化系统造成危害。

(3)对皮肤、黏膜的危害。空气污染物可直接对皮肤黏膜造成损伤。

汽车尾气排放等造成的雾霾天气是空气污染的一种形式。现在我国多地雾霾天气不断增多,极大地影响了人们的健康与生活。雾霾引起的健康影响主要以急性效应为主,主要表现为上呼吸道感染、支气管炎、咳嗽、哮喘、眼和喉部刺激、皮疹、心血管系统紊乱等疾病的症状增强。2014年1月4日,我国首次将雾霾天气纳入2013年自然灾情进行通报。

(二)负氧离子能帮助人恢复天然的平衡

人们常常都有这样的感受,在炎热的夏季,当你来到喷水池边或凉爽的海滨时,会感到爽心悦目;或在雷暴雨之后,到屋外走一走,也会感到清新气爽、呼吸舒畅、心旷神怡,其原因是空气中含有高浓度的阴离子。

负氧离子是一种带负电荷的气体原子。负氧离子浓度的高低与人类的健康息息相关,一个人每天大约需要130亿个负氧离子,而人们的居室、办公室、娱乐场所等环境仅能提供2亿~20亿个负氧离子。

(三)植树造林,美化环境

植树造林(如图7-2所示)是防治空气污染的一项经济有效措施。植物能调节气候。夏季降温1℃~3℃,增加湿度3%~12%,阻挡辐射60%;冬季气温,林内高1℃~2℃。植物不仅可阻挡风沙,而且吸滞粉尘,减少细菌载体,从而使大气中细菌数量减少;另外许多植物能分泌出杀菌素杀死病菌。空气中散布着各种细菌等微生物，其中不少是对人体有害的病菌。城市植被可以净化空气，减少空气中的细菌数量，减少呼吸道疾病的发生和传染。

图7-2　植树造林

植物具有吸收二氧化碳和释放氧气的生态效益，对不少疾病有辅助治疗作用。$10m^2$的森林或$50m^2$的草坪即可供1成人氧气$0.75kg/d$，并清除二氧化碳$0.9kg/d$。树林里氧气充足、环境优美，绿叶又能吸收强光中的紫外线，树林吸收噪音，使人感到幽静。因此有益于大脑健康，保护眼睛。能够起到强身健体，防老抗衰的作用。

提倡在宅院四旁种植花木，美化住宅。柳树是一种很好的风景树，垂柳依依，招人喜爱，给人以美的享受。

二、水环境与养生

水是人类生命活动不可缺少的物质（如图7-3所示）。在正常情况下，一个人一昼夜需水2500毫升左右。除随食物摄入和体内代谢产生的部分水分外，单是饮水每天就需要1500至2000毫升。

（一）饮用水必须清洁、卫生，符合国家规定的水质标准。

世界卫生组织制定人类健康的饮用水标准。

（1）水中不含细菌、杂质、有机物、重金属等。

（2）水中含有适当比例的矿物质及微量元素，呈离子状，水分子离子团小，水呈负电位。

（3）pH值呈弱碱性（7.2～8.5），水中含有适量的氧（5mg/L左右）。

图 7-3　清洁水

由于工业发展和人口增长，工业和生活废弃物大量产生，再加农药和化肥广泛应用，使水源受到污染的机会增加。水安全问题正在成为中华民族的"心腹之患"。2013 年我国十大流域水质状况显示：全国十大水系水质一半污染；国控重点湖泊水质四成污染；31 个大型淡水湖泊水质 17 个污染；9 个重要海湾中，辽东湾、渤海湾和胶州湾水质差，长江口、杭州湾、闽江口和珠江口水质极差，全国六成地下水水质较差或极差……

人若饮用或接触大量受污染的水，就会给身体带来一定的危害，如引起肠道传染病、寄生虫病以及诱发癌症、重金属中毒等。

（二）防止水污染的具体措施

①选择良好的水源。②减少废水和污染物的排放量。③控制酸雨。减少二氧化硫（SO_2）和二氧化氮（NO_2）的人为排放量。

三、土壤环境与养生

土壤是陆地表面能够生长植物的疏松表层（如图 7-4 所示），是陆生生物生活的基质，它提供生物生活所必需的矿物质元素和水分，是人类宝贵的资源之一。土壤是生态系统物质交换和物质循环的中心环节，是污染物质转化和净化的重要场所；植物和土壤之间有着频繁的能量和物质交换，控制陆地生态系统的稳定与变化。

图 7-4　土壤与新芽

（一）土壤污染的危害

土壤污染主要是由于人为活动引起的，是指土壤中收容的有机废弃物或含毒废弃物过多，影响或超过了土壤的自净能力。土壤污染使土壤中某些或某种物质含量过高，以致土壤功能受损，理化性质变坏，造成生态基础破坏，从而影响动植物的生存活动。土壤污染直接导致生物品质不断下降，重金属、工业废料、城市垃圾、化肥农药的不当施用、废弃农膜的污染等等，正在不断地侵蚀着我国的土地……土壤污染的最终后果将是污染空气、水源和粮食，通过食物链进入人体，危害人类健康，导致人类"有米不敢吃"。

因此土壤污染的防治与保护刻不容缓。

（二）做好对土壤的保护。

（1）做好垃圾的处理工作。在城市应分别收集生活垃圾，将有机垃圾与无机垃圾分开进行无害化处理。在农村实行垃圾的统一管理，通过无害化处理，消灭粪便里的寄生虫卵和病原菌，避免污染土壤、水源、空气和周围环境；结合堆肥，促进粪便分解腐熟，防止肥效损失。

（2）禁止使用未经处理的污水灌溉农田。农田灌溉用水必须符合 GB5084—2005 水质标准。

（3）合理施用农药。使用高效、低毒、低残留的农药，探索和推广生物防治作物病虫害的途径。

（4）做好固体废弃物的处理。通过回收、处理和综合利用，实现固体废弃物的资源化，以防止工业废渣等固体废弃物对土壤的污染。

第 2 节　社会环境与人

　　个人的养生不能脱离社会环境。科技的进步、经济的发展，都要有利于人类社会生活的和谐和人类物质生活的改善；精神文明建设要有利于人类道德水平的提高。

　　社会环境包括政治、经济、法制、科技、文化、语言、卫生等环境。社会是一个大生命，社会环境对大学生未来的职业生涯乃至人生发展都有着重大影响。

　　由于人既具有生物属性，又具有社会属性，因此必须重视社会环境因素对人生命健康的影响。现代医学研究表明，很多精神疾病和躯体疾病，都与激烈的竞争，过度紧张的社会生活有直接关系。

　　大学生要懂得经营生命，生命源于父母，安于社会，强于自身；要学会感恩、戴德、图报，明白生命的所属权不全在自己，要能感悟自己的生命是父母生命的延续。

　　千百年来，不论何时何处，父母对自己子女的爱往往要超过子女对父母的爱的几倍甚至百倍。如果是母亲对待生病的孩子，她会夜以继日，无怨无悔的照料和担心着；可是在现实生活中有多少儿女在父母生病时真正做到这样呢？有些做子女的往往要找出种种理由来为自己开脱。

　　人间大爱，首先应该爱自己的父母，一个人连自己的父母都不爱了，还能爱谁呢？

　　老了，病了，谁来养我呢？随着我国社会人口的老龄化现象加剧，社会应该大力倡导尊老爱老。每个人都要从自己做起，别人就像一面镜子，他可以照出你做得好不好。

一、社会政治与养生

　　社会政治因素对人的健康和疾病的影响主要表现在国家所制定和实施的方针、政策、法律、法令对医学卫生保健事业的作用。

　　一个国家的政局是否稳定，可直接或间接地对人们健康造成影响。国民身体健康是生产发展、经济文化繁荣昌盛、社会秩序安定、国家政权巩固的重要保证之一。国家和民族的长期发展都有赖于政局的稳定，随着我国综合国力的不断增强，政治影响力不断提升，和谐的社会为各领域的发展提供了良好的平台。加强社会主义政治建设，有利于中国特色社会主义事业健康蓬勃的发展。经济发展了，国力增强了，人民得到实惠，国泰民安。

仁者寿，即德者寿。谓道德崇高者，怀有仁爱之心，胸怀宽广的人容易长寿。研究表明我国长寿地区民风朴实，互相协作，纠纷少，无心理压力。由于社会、家庭、生活稳定，老人有了良好的心理环境，促成了长寿。

现在社会正处在一种大转变、大转轨的时期，大学生的思想受着来自方方面面不同的影响。社会主义市场经济体制的建立、国际交流带来不同文化的碰撞、现代化技术的迅猛发展以及大众传播手段的广泛运用等等，这些剧烈的变化正在猛烈地撞击着学生的思想和心灵。尤其是一部分人的追逐名利，造成浮躁、缺乏道德观念等问题。

大学生所处的年龄段正是良好的社会公德，行为习惯和健全人格形成的重要时期。大学生的成长需要积极的学习氛围，通畅的发展渠道，良好的社会支持，更需要温暖有爱的精神空间。加强大学生的思想道德建设，是倡导社会主义核心价值观的一项战略任务。思想道德素质的提高主要靠教育，而教育的宗旨在于养成学生的生命自觉。大学生应树立正确的人生观，科学对待人生环境，认知人生意义，创造有价值的人生。

二、社会治理与养生

社会经济的迅速发展促进了人们健康水平的提高，人们体质的增强又推动了社会经济的发展，二者是相辅相成的。

物质资料的生产活动是人类社会生存和发展的基础，为人们的健康成长和延续后代提供了物质条件。

社会生产力的水平决定了人们的文化教育水平，进而对人们的健康产生重大的影响。提高人们的文化教育水平，特别是卫生教育水平，是防治各种疾病、增进人们健康的重要条件。

社会经济发展在提高人们健康水平的同时，也向医疗卫生事业提出新的挑战。随着工农业生产的发展以及与之相适应的科学技术的迅猛发展，各种社会因素对健康的影响突出显现。环境污染造成的"公害病"、社会的紧张状态、交通意外伤残、职业危害、吸烟、酗酒、饮食过度、家庭瓦解、犯罪增多等等，使人们在摆脱传染病、营养不良的威胁之后，又受到新的巨大的威胁。有些疾病甚至完全是由社会原因引起的，社会因素在人们健康和疾病中的作用明显增强。

污染的环境（如图7-5所示）可以损害人的身体、扭曲人的心理，使人产生焦躁情绪，使文明难以立足，对人口素质的养成形成氛围障碍，环境保护刻不容缓。

图7-5 雾霾天气

面对自然生态环境失调并日趋恶化的现实。首先，政府要加强保护生态环境的科学研究工作，寻求经济建设和环境保护协调发展的途径，避免重蹈发达国家先污染、后治理的覆辙。其次，在我国现有技术条件下，人口素质偏低、人口规模越大，密度越高，活动程度越大的地方，产生的污水、废气、垃圾越多，生态环境污染也越严重。因此，提高人口素质，是减轻环境污染，改善环境质量的重要措施。对于饮水卫生，重点是治理"三废"。从合理规划、综合利用、净化处理等几方面入手解决。

党的十八大把生态文明建设纳入中国特色社会主义事业"五位一体"总体布局，首次把美丽中国作为生态文明建设的宏伟目标，承载着中国共产党人对未来发展的美好愿景。生态文明是人类遵循人、自然、社会和谐发展这一客观规律而取得的物质和精神成果的总和。生态文明是以人与自然、人与人、人与社会和谐共生、良性循环、全面发展、持续繁荣为基本宗旨的文化伦理形态。党的十八大确立了生态文明建设的突出地位，指出保护生态环境必须依靠制度。制度建设是生态文明建设的重要内容，制度进步是生态文明水平提高的一大标志。党的十八大强调指出，法治是治国理政的基本方式，要全面推进依法治国，更加注重发挥法治在国家治理和社会管理中的重要作用。用法规制度来调节和管束人类的行为，达到"因人人受制而致人人自由"的境界。

党的十九大不仅对生态文明建设提出了一系列新思想、新目标、新要求和新部署，为建设美丽中国提供了根本遵循和行动指南，更是首次把美丽中国作为建设社会主义现代化强国的重要目标。

2018 年 5 月 18 日至 19 日，全国生态环境保护大会在北京召开。习近平总书记出席会议并发表重要讲话。习近平在讲话中强调，生态文明建设是关系中华民族永续发展的根本大计。生态环境是关系党的使命宗旨的重大政治问题，也是关系民生的重大社会问题。广大人民群众热切期盼加快提高生态环境质量。我们要积极回应人民群众所想、所盼、所急，大力推进生态文明建设，提供更多优质生态产品，不断满足人民群众日益增长的优美生态环境需要。

习近平强调，要自觉把经济社会发展同生态文明建设统筹起来，充分发挥党的领导和我国社会主义制度能够集中力量办大事的政治优势，充分利用改革开放 40 年来积累的坚实物质基础，加大力度推进生态文明建设、解决生态环境问题，坚决打好污染防治攻坚战，推动我国生态文明建设迈上新台阶。

习近平强调，打好污染防治攻坚战时间紧、任务重、难度大，是一场大仗、硬仗、苦仗，必须加强党的领导。各地区各部门要增强政治意识、大局意识、核心意识和看齐意识，坚决维护党中央权威和集中统一领导，坚决担负起生态文明建设的政治责任。地方各级党委和政府主要领导是本行政区域生态环境保护第一责任人，各相关部门要履行好生态环境保护职责，使各部门守土有责、守土尽责，分工协作、共同发力。要建立科学合理的考核评价体系，考核结果作为各级领导班子和领导干部奖惩和提拔使用的重要依据。对那些损害生态环境的领导干部，要真追责、敢追责、严追责，做到终身追责。

生态文明制度是指保护生态环境所依靠的制度，是在面对资源约束趋紧、环境污染严重、生态系统退化的严峻形势下提出的。

保护生态环境必须依靠制度、依靠法治，这已经成为推进生态文明建设的广泛共识。制度的生命力在于执行，关键在真抓，靠的是严管。建设生态文明需要长期稳定的制度保障，让"尊重自然、顺应自然、保护自然"的理念逐渐深入人心，广泛动员全社会力量参与生态环境保护。

让法治成为中国人的生活方式，通过法学教育推进法治文化建设，让法治真正成为中国社会的一种文化。在法的作用下，利用新的科学技术控制和防治环境污染，为养生创造一个良好的自然与社会环境。

第3节 居住环境与人

一、选择住宅环境

居住环境是人们生活环境的重要组成部分，人生大约有一半时间是在住宅环境中度过的，尤其是婴儿、老年人，约有80%的时间在室内度过。因此如何从实际出发，因地制宜选择住宅和营造房屋，创造一个科学合理、舒适清静的居住环境，对保障身心健康、延年益寿是非常重要的。

良好的住室条件（如图7-6所示）有益于健康和长寿，而不良的住室环境会降低身体抵抗力，甚至引起疾病。拥挤的住宅会使呼吸道和消化道发病率增高，潮湿的住宅使人易患感冒、风湿性关节炎，阴暗的住宅由于紫外线不足，会增加佝偻病和骨质软化症的发生。

图7-6 住宅环境

（一）住宅选址

青山绿水，气候宜人，空气与水源未被污染等，这些条件对健康和长寿是有利的。人们向往依山傍水的生活环境。依山建房，夏季山上茂密的树林，可减少阳光的强烈辐射，调节炎热的气候，且绿树成荫、鸟语花香，使人置身于美丽的大自然中，更增添生活情趣。冬季山体及山上的树木作为天然屏障，可遮挡猛烈的风沙，减缓寒冷的气流，还可以吸收噪声，使环境保持幽静。傍水而居，使日常生活用水方便，尤其清澈甘冽的山泉水，终年不涸不竭。水的流动和蒸发作用又有利于调节空气，清除污物。

城市住宅虽无自然山水可依托，但可通过植物绿化，建造街心花园、喷泉，保证楼群间适当空旷地带以及假山、影背，形成人工景观。北京紫禁城就在都市里人为地形成了依山傍水的环境，整个紫禁城外由一护城河环绕，流水潺潺，三大殿及其他建筑都背靠一座假山。这种背景方式特别有助于防风御寒，堪称古代城市建筑之楷模。

（二）住宅的卫生标准

1. 日照：太阳照在居室内的时间和强度

从保健角度来讲，室内每天应保证 2.5～4 小时的光照为好；且自然采光优于人工采光，对人体健康更有益处。科学研究表明，居室内每天阳光照射 2 小时是维护人体健康和发育的最低需要。人的皮肤接受太阳光中紫外线照射后能产生维生素 D，可预防佝偻病的发生；太阳光可杀灭居室内空气中的致病微生物，还能提高机体的免疫能力。

因此居室内在冬至日中午前后连续照射 2 小时作为居室日照的标准。就我国大部分地区而言，建房的最佳坐向是坐北朝南；另外南北两座建筑物之间的距离和南面高度的比不能小于 1.4。

2. 采光：住宅内可得到的光线

决定采光多少常和住宅的进深和窗户、地面面积比值有关。进深是指从窗户到对面墙壁距离，它与从地面到窗上橼高度的比值一般规定应不大于 2.5，窗户的有效透光面积和房间地面面积之比不应小于 1：10。

3. 层高：一般指地面到天花板或房檐的高度

人们在一定的住宅空间里生活，由于呼吸造成一定高度范围内空气成分的改变，即二氧化碳浓度和其他有害气体高于其他地方。按照现代卫生学的要求，居室净高为 2.6～2.8 米，炎热地区可稍高，寒冷省份可略低一些。

4. 微小气候

要求居室内温度、湿度、风速等微小气候适宜，当这些因素综合作用于人体，并处于最佳组合状态时，能使人体产生舒适感；室内外温度差不大于 7℃。

居室内微小气候的标准以冬夏两季为准。夏季室内适宜温度 21℃～32℃，最适范围为 24℃～26℃；气湿（相对湿度）为 30%～65%，气流速度为 0.2～0.5m/s，最大不宜超过 3m/s。冬季室内温度的适宜范围是 16℃～20℃；气湿为 30%～45%；气流速度为 0.1～0.5m/s。

人体对"冷耐受"的下限温度和"热耐受"的上限温度，一般分别规定为 11℃ 和 32℃。相对湿度上限值不应超过 80%，下限值不应低于 30%。

5. 空气清洁度：衡量环境空气清洁的指标

主要包括两方面内容：一是以含氧比例是否正常来衡量其新鲜程度，在常压时含氧量应在 19%～21%。二是以粉尘及有害气体浓度是否超过"允许浓度"来衡量其洁净程度，超过"允许浓度"说明不符合洁净要求。世界卫生组织认为，空气中细颗粒物（$PM_{2.5}$）的年平均浓度小于 $10\mu g/m^3$ 是安全值。

当居室内二氧化碳、二氧化硫、甲醛等有害气体，以及飘尘、细菌总数超过一定的含量时，对人体的健康十分有害；浓度过高能引起心血管、呼吸系统的各种疾病，其中有些还是严重的致癌物。

二、保证室内环境良好的空气质量

室内环境对人体的作用一般是长期的、慢性的，不易在较短时间内明显表现出来，一些环境因素又常同时综合作用于人体。因此它与居民健康的关系是复杂的。良好的室内环境可提高机体各系统的生理功能，增强抵抗力，降低患病率和死亡率；低劣的室内环境对人形成一种恶性刺激，使居民健康水平下降。

（一）居室结构

居民的住宅和平面配置要适当。每户住宅应有自己独立的成套房间，包括主室和辅室。主室为一个起居室和适当数目的卧室；辅室包括厨房、厕所、浴室、贮藏室以及过道、阳台等设施。主室应与其他房间充分隔开，以免受其不良影响，并且应有直接采光。卧室应配置在最好的朝向。

居室要有前后窗，以利通风换气，改善室内的空气质量。

（二）居室面积

对居室面积的要求是宽敞适中。按照现代卫生学的要求，正常居室面积为 15 平方米左右。城市住房每人平均 6～9 平方米，农村 8～12 平方米为宜。

（三）居室通风

在门窗紧闭的情况下，烹调油烟、清洁剂、杀虫剂、建筑材料等都能成为室内空气的污染源。

居室的自然通风可保证房间内的空气清洁，排除室内的湿热秽浊之气，加强蒸发散热，改善人们的工作休息环境。因此厨房和厕所应有良好通风，夏季炎热地区应使主室内形成穿堂风。

另外自然通风比空调机，电风扇效果好，风速柔和，风向较弥漫，人体易于适应，不会形成二次污染（如空调机的噪声等）。

（四）防治室内污染

1. 厨房是室内空气的主要污染源

与女性肺腺癌有关的可能因素：女性肺癌中仅有 19％与吸烟有关；除吸烟外还有其他因素，某些食用油在高温下所产生的油雾中存在着对人体有害的毒性物质。如菜籽油、豆油在加热到 270℃～280℃时产生的油雾凝聚物，可以导致细胞染色体的损伤，而加热不到 240℃时，其损害作用较弱，不加热的油没有这种损害。

因此除保证自然通风外，还可采取一些简便易行的措施。如在煤气灶上安装吸风罩，做饭时先打开窗户关好居室的门。点煤气时，先划火柴后打开关。煎炒时不要油温太高，不要在厨房内看书或就餐。用完煤气后要把厨房的总开关关紧，并经常检查是否有漏气的地方等等。

2. 尘埃：人类的活动会产生尘埃，地表的自然变化也会产生尘埃

尘埃进到屋里以后，很快隐身在空气之中。那些颗粒超过 $10\mu m$ 的尘埃，跌落下来覆盖在器具上就是常见的灰尘。尘埃有的能看见，有的却看不见。它们进入呼吸道，有的残留在鼻孔中，有的沉积在支气管内，还有的沉积在细支气管和肺泡中。严重损害着呼吸器官使呼吸道黏膜干燥、充血、咽部不适，发生刺激性咳嗽，破坏气管黏膜的上皮纤维的活动，减弱分泌物的排泄能力。若长时间停留在呼吸道内，还会为细菌的繁殖带来方便，以致发生咽炎、气管炎及其他一些呼吸道疾病。

尘埃还是细菌、霉菌、尘螨的庇护所，不少细菌能够在尘埃的庇护下安然地生活着。如结核杆菌在尘埃中能存活半年之久。尘埃在空气中的浓度越大，传播的病菌就越多。可见长期生活在尘埃弥漫的环境里对健康是很不利

的，必须想方设法把它清除。

房屋的门窗在注意通气换气的同时，要注意关闭以防室外灰尘大量进入。扫地时先洒水或者把笤帚弄湿了再扫地。为避免尘埃飞扬家具上的尘埃最好用湿布抹。

居室内严禁吸烟；不要高声说话；尽量旋低电视机的音量；轻手关门、轻声走路，以保持室内清洁、安静。搞好室内卫生，定期消毒，对防治污染也至关重要。

（五）搬迁新居宜先通风

新居落成之后内墙涂料和门窗油漆未干，有人就迫不及待地忙着搬家了。其实从卫生学角度来看，这样做对人体健康是有害的。居室的装修材料如油漆、涂料、塑料、水泥、白灰等，都不同程度地含有铅、苯、酚、甲醛、石棉、聚乙烯、聚氯乙烯等对人体健康有害的有毒物质。有毒物质主要经呼吸道、皮肤或消化道进入人体，并通过血液循环而被运送到全身。会引起一系列毒性反应，诸如头昏、头痛、恶心呕吐、乏力、失眠、心悸、胸闷、精神恍惚等，儿童更易受害，甚至可能发生急性中毒损害他们的身体健康。

因此刚装修好的新房应打开门窗充分通风换气，待油漆、涂料干后再过一段时期，最好晾置一个夏天再入住，以避免"新建居室综合征"的发生。

可用芦荟作为室内空气污染的指示生物，当有害气体严重之时，它的叶片就会出现褐色斑点，起警示作用。

三、美化居室环境

对于很多人来说，居室既是休息和睡眠的地方，又是学习、娱乐的场所。因此，要充分利用居室的空间，将室内进行科学、合理的布置（如图 7 - 7 所示）。居室的美化要根据房间的使用性质、空间大小、光照程度、家具陈设以及个人兴趣爱好等因地制宜进行安排，只要布局得当相互协调，就会给人以美的感受。

（一）居室的照明

勒克司是表明采光照明强度的单位。一盏 25 瓦的电灯距桌面 0.5m 时，桌面上的照明强度为 50 勒克司，符合卫生要求的照度为 50～100 勒克司。应根据不同照明需求进行安排，一般走道、厨房和卧室只需要 25 勒克司，看书写字则需要 70～100 勒克司。

图 7 - 7　家庭居室布置

（二）居室的色彩

色彩是室内空间的精神，室内的视觉、气质、格调主要由色彩语言来表现。根据研究发现，房间的颜色能直接影响人体的生理功能。从人的心理和生理需求来说，室内色彩应令人感到亲切、舒适，明快。一般讲以青色或绿色对眼睛最有利，当阳光或灯光照在这两种颜色上反射出来的光线柔和，对视神经和视网膜较为合适。浅黄、乳白色可增加房间的亮度，使房间显得宽敞、给人以庄重、典雅感；嫩绿、浅蓝色显得温柔、恬静，使人产生安谧、幽美感。向阳房间光线充足，家具色彩可选择浅蓝、灰绿等中性偏冷的色彩；背阴房间光线较暗，家具色彩也较深的，墙面色彩可选择奶白、米黄等偏温和者。餐厅漆成橙黄色可刺激胃口，增进食欲；书房采用浅绿格调有利缓解视力疲劳，给人以宁静舒适感；厨房、卫生间可用白色或灰色，使环境的光线更加谐和；客厅宜用粉红或浅黄色以增添柔和、欢乐气氛。此外房间颜色会影响睡眠，一般紫色有利于镇静安神能促进入睡；而红色等艳丽的颜色会引起兴奋，不适宜在卧室使用。

（三）居室宜四季常绿

在室内、阳台上多培养些芳香浓郁的鲜花对人的身心健康大有益处。花有抗菌作用，如气管炎患者可多闻桂花香味，因桂花精油不仅有抗菌消炎作用，而且还有化痰、止咳、平喘之效。在流感季节。如果你咽喉痛或扁桃体发炎，如多闻茉莉花、玫瑰花、栀子花等香气浓郁的花香，可舒服咽喉。

有些植物尽管没有香味，但也能从茎叶中分泌杀菌素，如桧柏类植物；吊兰在众多的能净化室内空气的花卉中，其吸收空气中有毒物质的能力首屈一指，可在24小时内吸收室内环境中的有害物质并将它们输送到根部，经土壤里的微生物分解成无害物质后作为养料吸收了。盆景是有生命的雕塑，可以美化生活陶冶情操。养花制景可使大脑和身体得到适当锻炼，有利于身体健康。

适合室内盆栽并可制成盆景的花草有：虎尾兰（图7-8）、吊兰（图7-9）、芦荟（图7-10）、栀子花、兰花、米兰、金桂、常春藤、米兰、紫丁香、紫茉莉、仙人掌、文竹等。

图7-8　虎尾兰　　　　图7-9　吊兰　　　　图7-10　芦荟

四、居室现代化电器设置的利弊

随着生活水平的提高，越来越多的电器产品进入了千家万户，它给人们带来了欢乐、幸福，但电器产品使用时或多或少产生电磁辐射，超过2毫高斯以上就会导致人患疾病。

（一）空调与健康

长期使用空调设备，不利于人体健康。

（1）空气振荡太强烈，易出现血液循环障碍症状和头痛；

（2）房间里空气负氧离子几乎等于零损伤人的肺气，易疲劳；

（3）在炎热的夏天，由于室内外温差过大，很容易感冒。

（二）电视与健康

随着电视节目的日益丰富，人们越来越依赖于电视中所直接呈现的内容，而电视的电磁辐射量约 20 毫高斯，长时间看电视对健康带来不利的影响。

（1）影响视力。长时间看电视会导致视力下降。

（2）对体形的影响。若看电视时总是一种姿势，时间长了可造成体形变化，如驼背、畸形等，尤其是儿童甚至会影响其骨骼的正常发育。

（3）对神经的影响。许多人喜欢看电视的同时做其他的事情，如边吃饭边看电视，造成人体中血液串流。既可引起消化不良又可使大脑供血不足，造成缺氧引起神经功能障碍，严重时还会出现头痛、神经衰弱症状。

五、居室的装饰与摆设

室内装饰应简单整齐，美观大方。墙上可悬挂松鹤延年图、养生格言等可供观赏的字画；地面应平坦而不滑并便于清扫。

布置客厅以保持宽敞，空间感强为原则。摆设的盆景花草、鱼缸以艺术观赏为主，并配以色香俱佳的瓶插，窗边悬挂一盆枝叶繁茂植物如君子兰、棕竹等，整个客厅会显得雅致大方。

（1）起居室是家庭成员生活的主要活动空间（如图 7-11 所示），是最令全家人感到惬意的地方，休闲小憩、观赏电视等都在这里进行。起居室由门厅、客厅以及餐厅 3 个部分组成，一般来说起居室就是指客厅。起居室相当于交通枢纽，起着联系卧室、厨房、卫浴间、阳台等空间的作用。

图 7-11　起居室

动静分离是住宅舒适度的标志之一。起居室的设置对动静分离起着至关重要的作用。客厅、卫生间、餐厅、厨房等人们活动、出入比较频繁的地方都属于动区；而卧室、书房等相对比较安静，属于静区。

（2）餐厅是家人进行餐饮的主要空间，是宴请亲友的活动空间。餐厅（如图 7-12 所示）的主要功能是用餐，有时也兼做娱乐场地之用。

（3）卧室是人们休息的地方，主要摆设床铺和衣柜，家具宜少不宜多，使人觉得宁静、舒适。

图 7-12 餐厅

主卧室（如图 7-13 所示）是房屋主人的私人生活空间，高度的私密性和安全感，是主卧室布置的基本要求。

图 7-13 主卧室

（4）书房（如图 7-14 所示）是人们学习和工作的地方，设计应以舒适宁静为原则。摆设的主要家具是书柜、书架、写字台等，在窗台上摆几盆盆景，在书架上摆放精巧的工艺品，使书房显得清幽雅静，便于全神贯注地学习和工作。

图 7-14 书房

（5）卫生间（如图 7-15 所示）多为浴室和厕所两种使用功能合二为一，主要设备有盥洗台、化妆镜、坐便器、淋浴房、浴巾架、储物柜等等。卫生间的主要使用功能有沐浴、盥洗、化妆、排泄、洗衣等，卫生间的地面特别要注意防滑。

图 7-15 卫生间

本章参考文献：

[1] 苏安．环境与人 [J]．养生大世界，2005

[2] 潘智明，王晓红．从中医经典理论看环境与养生 [J]．湖北中医学院学报，2004

[3] 颜节礼．我国环境养生旅游发展探讨 [J]．安徽农业科学，2011

[4] 许永杰．搬迁新居宜先通风 [J]．中国城乡企业卫生，1989

第 8 章　健康意识的培养与习惯养成

思想意识对人体生命起主导作用。大学生要强化自我保健意识，调动自己的主观能动作用；领悟养生文化，升华人生境界，培养四维健康观念，即生理健康、心理健康、道德健康、社会适应健康。要求自己"顺应自然—形体健康—心理道德完善—适应社会"，使自己全身心地健康起来，做一个真正有益于社会的人。

第 1 节　养生的四大原则

一、养神修德

孟子说过："天下之本在国，国之本在家，家之本在身。"一个人的品行和德行将决定健康指数，他和家庭、社会的关系也左右了生命的质量。美到处都有，我们不是缺乏美而是缺乏发现。

有德人天地宽。生命的荣枯全视你怎么去栽培：路径窄处留一步与人行，滋味浓的减三分让人食。

养生的过程是道德自我完善的过程，自我完善最重要。《论语》云："己所不欲，勿施于人"。面对天地自然万物怀揣一颗同理心，将心比心，换位思考，由己推人及物；你就会尊重自然、保护环境、敬畏生命、尊老爱幼、扶贫救弱、珍惜一切。有了这些德行，养生就容易做到，而且会显得非常自然。

养生必先养德，善良是快乐之源。修习善德可以改变心态。善修身者，当有杜甫的旷世气魄，亦有陶渊明的淡定心境。孙思邈说过："性既自善，内外百病皆不悉生，祸乱灾害亦无由作，此养生之大经也。"人生如水，胜而不得意忘形，败而不悲观绝望。宠辱不惊，去留无意，静观红尘滚滚，始终气定神闲。如此修身养性，人生即使平凡也不会平庸，即便宁静亦会脱俗超凡。

东晋著名养生家葛洪指出："若德行不修，但多方术，皆不得长生。"著名作家冰心有一副对联："居住适宜处往昔有德行，置身于正道是为最吉祥。"凡事皆有根本，养心、养神是养生的根本。相由心生，境由心造。心神旷达安怡，体貌自然安详舒泰。人生境遇很大程度上就是自我造化。养生先养心神，养心神要先修德行，厚德载物。因此你要以善良之心对待自然、对待他人、对待社会。

二、春夏养阳　秋冬养阴

中医认为顺应自然是健康长寿的基本方法。太阳照射，地气上升，天气下降，天地间水气升降循环，引起增温、降温、刮风、下雨、潮湿、干燥等现象，雕刻了地球上的山川、河流、高原、盆地，形成春温、夏热、秋凉、冬寒，生物才能春生、夏长、秋收、冬藏。

春夏养阳：养生发、生长之机；秋冬养阴：养收敛、收藏之机。生长壮老已的生命历程就是在年复一年的春生、夏长、秋收、冬藏中，完成生长、发育、壮大、成熟、死亡的。

三、简单顺势

"大道至简"，养生就是顺自然生命之道，因势利导，顺势而为。"庖丁解牛，游刃有余"最能说明养生的真谛，因此养生也叫顺生。

在快速发展的现代社会，大学生要自然清净，做到志向专一，思想单纯，心无旁骛，用心学习，乐在其中。

日常生活中诸多不良的生活习惯和思维方式就是逆生，不合道不顺生。如暴饮暴食、饮食过于追求色香味、多吃膏粱厚味、功利浮躁、恣情纵欲、缺少运动，依赖空调、电脑、夜生活过多等。

养生是对生命的保养。《洞神经》曰："养生以不损为延年之术"；晋代葛洪《神仙传》："彭祖云'养寿之道，但莫伤之而已'。"

四、保护环境

养生基于"天人合一"，"以自然之道养自然之身"，不可脱离自然。

保护环境是为了人类自己，在备受污染破坏的环境中，养生就是一种奢望。如果食物都是经过药物激素催生、上色、防腐、增味、强化、高温等加工的，你还敢吃吗？

第2节　端正人生态度

一、何谓态度？

态度是指人们在一定的社会环境影响和教育引导下，通过生活实践和自身体验所形成的对人生问题的一种稳定的心理倾向和基本看法。它所反映的是"人怎样看待生命和生活以及如何生活的问题"。

假如你没有显赫的家世及名校出身，那还有第三把金钥匙在你手上——态度。

态度是一种思考模式，改变态度就必须改变思考模式。成功的人都喜爱这句话："态度决定一切"，不能只知道，而是要身体力行。人生态度是一种会表现于外在行为情绪。积极、认真、负责、谦虚、温柔、诚信、有信心、正面思想这些都是良好的态度。勤奋的人可以实现别人实现不了的目标；成功的人会看到别人看不到的机会，并且加以实现。

人生态度的形成取决于每一个人的社会生活实践。人们的社会物质生活条件，社会环境，社会地位，个人生活经历和文化教育是形成人生态度的物质根源。

人的一生不可逆转，而且很短暂。人生须认真，人生当务实，人生应乐观，人生要进取。人生态度影响和支配着人生行为。你的态度决定了你对周围事物的看法，可以简单可以复杂。从而你的心情也一样随之改变，可以快乐可以悲伤，可以充满爱也可以充满恨。改变态度，改变人生。

大学生要正确对待他人和社会，对社会永远要有一种感激之心。俗话云"境由心生"。人看待社会的态度有两种：一种是永远用乐观的、积极的态度看世界；另一种是用悲观的消极的态度看世界。你若用积极的、乐观的态度看世界，这世界很美好。你如果用悲观消极的态度看世界，这世界很可怕。

"生活像面镜子，你笑他也笑，你哭他也哭"。一个人心态好，世界上一切都变得很美好，全身都很轻松。走到马路上，看到阳光明媚，蓝天更蓝，空气很清新，满大街的人都很高兴。其实个人高兴就感到世界很美好。自己不高兴，心里很难受，就是山光水色也欣赏不了，山珍海味也没有味道。实际上就是这样，心情好一切都好。学习是一种心态，拥有学习拥有谦卑自然会产生快乐。

二、端正人生态度，敢于承担责任

（一）大学生要端正人生态度

大学生不要总是把失败归咎于运气不好或是他人的过失，不肯承认自己的错误。大学生要做到正心、收心与养心。

（1）正心。确立人生方向，做对别人有益的事情；正心要用伦理道德来正我们的心，看我们做得对不对。

（2）收心。放弃生活中细枝末节的事情，放弃负面情绪；收心是发现自己有欲望时要及时地收回来。像看到好吃的多吃就会影响健康，所以要及时克制欲望。

（3）养心。养心是要看好书、交善良的朋友，用一些好事来培养情操。

（二）大学生要敢于承担责任

一个人只有敢于承担责任，才有可能被赋予更大的责任。社会学家戴维斯说："放弃了对社会的责任，就意味着放弃了自身在这个社会中更好生存的机会。"做不好下属的人永远不会成为领导，当不好士兵的人永远不会成为将军。

（1）人格的养成。从历史及文化角度，理解人类社会发展，认识个人与社会联系，养成历史感和责任感。要修养被尊敬的人格，需要经过长时间地被信任。

（2）思辨能力和思维习惯的养成。准确地认识和把握事物，缜密的分析和综合，冷静的归结和对策。

当我们竭尽全力尽职尽责时，不管结果如何我们都赢了。因为这个过程带给我们满足，使我们成为赢家。我们每个人都应该正确地理解责任，让责任成为日常的生活态度和工作习惯，把责任贯彻于实际行动当中，这样我们才有机会获得成功。

第 3 节　建立健康的生活方式

简单的养生理念就是培养健康的生活方式。所谓健康的生活方式就是人怎样健康地去生活。养生要崇尚自然，生活方式要顺应自然规律。科学研究表明，决定当代人类健康的主要因素，来自生活方式和行为习惯的占 60%，遗传因素占 15%，环境因素占 17%（其中气候变化等自然环境因素占 7%、社会福利水平等社会环境因素占 10%），医疗因素占 8%。不健康的生活方式和行为习惯易引起学习力降低、记忆力减退、免疫力降低、多种慢性病如高血压、癌症等。

一、科学合理的膳食

饮食营养是维持生命的重要手段，均衡的饮食是养生的保证。

善待自己的胃肠道，平衡膳食最重要！不暴饮暴食或偏食；控制吃饭速度，营养够了就停筷，饮食有节，七成饱。考虑食物的温、热、寒、凉之性，时令性，按类别选食物；远离盐腌制品和油炸制品，吃清淡少油的食物。

二、坚持适量的运动

运动是养生保健的有力措施。大学生最需要做的事情就是运动，步走是最好的运动形式，每天坚持 30 分钟的快走，通过有氧运动达到锻炼心肺功能的目的，帮助你舒缓身体放松精神。

运动初期可能因为懒惰，或因筋骨疼痛，很容易放弃。建议开始时，快走 5 分钟后放慢 1 分钟，再快走 5 分钟放慢 1 分钟，坚持 5 次，达到 30 分钟即可。养成习惯后则可加长时间至 10 分钟 1 次，3 次就能达到 30 分钟的运动需要量。快走的速度是自己感觉有点喘且稍有流汗，出汗有利于排毒。

三、保持平和的心态

良好的精神状态是养生的关键，好心境是健康长寿的免疫剂。适时的放松是大学生非常需要的生活状态。

大学生应当重视以心理健康促进身体健康。通过修身养性使自己的心灵得到净化纯洁；使自己的本性不受损害。通过自我反省体察，使身心达到完美的境界。个人修身不仅饱含了为人、修身、处世的智慧，还包含着始终要有一颗平常心去应对日常的烦恼和不幸。

四、改变不良的行为习惯

别让不良习惯偷走了健康。大学生要刹住熬夜等不良的行为习惯，做到起居有常。起居有常就是建立一套科学、合理、规律的日常生活作息制度，这是强身健体，延年益寿的重要途径。

好习惯是健康长寿的银行，让开心、起居有常的好习惯成为你的"泰康"银行。有规律的生活是保证身体健康的要诀之一。大学生要养成良好的生活习惯，做到"早睡早起"。如果无法早睡，只要翌日早上在原来起床时间提前1小时起床，晚上再提早1小时睡觉，慢慢调整，自然就会养成早起的习惯。

五、自觉保护环境

健康长寿与良好的环境紧密相关。地球是我们的共同家园，保护环境是人类的共同责任，生态建设要成为自觉行动。

人们对环境保护和生态建设的认识，是一个由表及里、由浅入深、由自然自发到自觉自为的过程。大学生可以通过网络、电视、报纸等传媒方式，加强对环保知识的学习，提高环保意识，主动担当起应尽的社会责任，走可持续发展之路。

六、学习健康的知识，加强文化修养

"知识改变命运"，获健康知识可受益终生。如果我们健康知识缺乏，不懂得如何养生、如何保健，长期处在不健康或亚健康的状态，久而久之就会影响我们的工作、学习和生活。

道德与涵养是养生的根本。"积善之家，必有余庆；积不善之家，必有余殃。"人格与社会生活素养是大学生的保健因素。大学生学习养生保健知识的意义就是让其了解和掌握一定的健康生活知识，提高文化修养水平，把握住快乐健康的准则，形成一个良好的生活习惯。提倡自我保健，提高生活质量。要学以致用，身体力行，指导自己的和他人的养生保健实践活动，进而为人类的健康文明做出应有的贡献。

本章参考文献：

［1］魏青．冰心的无字歌［J］．科技文萃，1995

［2］付杰英．中医体质养生［M］．厦门：鹭江出版社，2009

［3］许悦，许冠生．以自然之道　养自然之身［J］．健身科学，2010

［4］刘建中，秦蔷蔷．影响当代大学生身心健康的主要因素［J］．职业时空，2009

［5］胡爱民，范爱武，宋宏．浅析生活方式与生活质量［J］．南京理工大学学报，2001

［6］李浩，刘理丹．大学生养生意识培养策略探究［J］．周口师范学院学报，2013